Technology Structure

Based on Patent Co-Classification Analysis

技术交叉结构

■ 赵亚娟　王学昭　张　静　韩　涛　张晓林　著

科学出版社

北　京

图书在版编目（CIP）数据

技术交叉结构 / 赵亚娟等著. —北京：科学出版社，2015.6
ISBN 978-7-03-044560-5

Ⅰ.①技⋯　Ⅱ.①赵⋯　Ⅲ.①技术结构-产业布局-研究-中国
Ⅳ.①F12

中国版本图书馆 CIP 数据核字（2015）第 126428 号

责任编辑：邹　聪　赵鹏利 / 责任校对：郑金红

责任印制：赵　博 / 封面设计：无极书装

编辑部电话：010-64035853

E-mail：houjunlin@ mail. sciencep. com

科 学 出 版 社 出版

北京东黄城根北街 16 号
邮政编码：100717
http://www.sciencep.com

北京市金木堂数码科技有限公司印刷

科学出版社发行　各地新华书店经销

*

2015 年 6 月第 一 版　开本：720×1000　1/16
2025 年 4 月第三次印刷　印张：8　1/4
字数：180 000

定价：98.00 元
（如有印装质量问题，我社负责调换）

目录

1 引言 ··· **1**

2 研究方法 ·· **5**

  2.1 数据遴选与数据集构建 ··························· 6

    2.1.1 数据遴选原则 ······························ 6

    2.1.2 数据集构建过程 ·························· 8

  2.2 技术交叉与融合关系的揭示 ····················· 9

    2.2.1 专利分类及其共现关系 ················· 10

    2.2.2 分类号共现与技术交叉融合 ············· 11

  2.3 可视化方法 ································· 12

  2.4 技术交叉的解析 ····························· 13

  2.5 主要分析指标 ······························· 15

    2.5.1 技术交叉融合广度 ····················· 15

    2.5.2 技术交叉融合强度 ····················· 16

    2.5.3 技术活跃度 ···························· 16

    2.5.4 技术吸收时间 ························· 17

3 技术交叉结构 ······································ **19**

  3.1 技术交叉结构地图 ··························· 20

  3.2 技术交叉融合特征 ··························· 35

3.2.1 战略性新兴产业的技术交叉融合特征 … 35

3.2.2 活跃技术方向的技术交叉融合特征 …… 37

3.2.3 不活跃技术方向的技术交叉融合特征 … 39

4 技术交叉融合趋势 43

4.1 战略性新兴产业技术交叉融合趋势 44

4.2 活跃技术的技术交叉融合趋势 46

4.3 技术交叉与活跃趋势 50

5 国家产业技术布局 53

5.1 国家活跃产业识别 55

5.2 国家产业技术发展趋势 70

5.3 国家产业控制实力 75

5.3.1 国家技术份额地图 75

5.3.2 国家优势技术 80

5.4 国家技术吸收时间 87

6 企业技术发展分析 91

6.1 美国公司 92

6.1.1 技术交叉融合特征 92

6.1.2 技术交叉与活跃趋势 96

6.2 外国公司 97

6.2.1 技术交叉融合特征 97

6.2.2 技术交叉与活跃趋势 102

7 结语 105

附录 111

致谢 127

1

引言

技术融合的概念始于罗森伯格对美国机械设备业演化的研究[①]，他首先提出了"技术融合"（technological convergence）的概念，即这种产品功能和性质完全无关的产业因采用通用技术而导致独立的、专业化的机械工具出现的过程。

1978年，美国麻省理工学院（MIT）媒体实验室的尼古拉斯·内格罗蓬特（Nicholas Negroponte）验证了技术融合领域是创新最多的领域。他们用三个重叠的圆圈来描述计算机、印刷和广播三者的技术边界，认为三个圆圈的交叉处将成为成长最快、创新最多的领域[②]。

1985年，日本通产省在为日本产业结构调整所写的报告中将技术融合定义为两种或两种以上不同技术之间相互渗透、相互融合而形成一种新技术的现象。2001年，美国国家科学基金会与美国商务部联合举办以技术交叉融合为主题的研讨会，提出纳米技术、生物技术、信息技术和认知科学（nanotechnology，biotechnology，information technology，cognitive science，NBIC）的交叉与融合。当前，不同技术间的交叉与融合已经成为科技发展趋势，并深刻影响着产业的发展。国务院2010年做出加快培育和发展战略性新兴产业的决定，2012年出台了《"十二五"国家战略性新兴产业发展规划》，在经济全球化和技术交叉融合大趋势下，我国战略性新兴产业的布局与发展离不开对全球技术交叉全景的了解和对我国技术储备的掌握。

[①] Rosenberg N. Technological change in the machine tool industry：1840 - 1910 [J]. The Journal of Economic History，1963，（23）：414 - 446.

[②] 郑明高. 产业融合发展研究 [D]. 北京交通大学博士学位论文，2010.

本书以技术的交叉与融合作为研究的出发点，基于专利数据，构建全球范围体现技术交叉融合的技术结构图谱，从中展现交叉技术及其所属产业分布，并分析时序变化。从服务我国战略性新兴产业布局与发展的角度，建立交叉技术与战略性新兴产业之间的对应关系，分析我国在不同战略性新兴产业的技术储备，近期活跃的产业分布，不同产业吸收在先技术、开展技术创新的速度等，并与美国、日本、英国、德国、法国展开对比。本书聚焦技术交叉与融合，向上关联战略性新兴产业；横向聚焦中国，对比技术发达国家，以期为科学家和决策者提供一种了解技术交叉融合格局的新视角，为我国在战略性新兴产业布局与发展中知己知彼、了解全局、找准定位、合理布局提供支撑。

本书包括以下内容：引言；研究方法，包括数据遴选与数据集构建、技术交叉与融合关系的揭示、可视化方法、技术交叉的解析及主要分析指标；技术交叉结构，研制体现技术交叉融合的技术结构图谱，从全局展现155个交叉技术及其所属产业分布和关联状态；技术交叉融合趋势，从技术交叉结构地图看交叉技术和产业的演化；国家产业技术布局，从技术交叉结构地图看中国和其他代表性发达国家的技术交叉融合现状；企业技术发展分析，从技术交叉结构地图看美国公司和外国公司的技术交叉融合现状；结语。

2

研究方法

以 2002～2011 年的四方专利数据为研究对象，以关注重要创新区域和重要市场、关注控制产业发展的核心技术为原则，遴选重要专利数据。基于专利分类号共现关系分析技术交叉与融合，并进行聚类可视化，得到技术交叉与融合整体结构图谱。采用专家分析法对聚类得到的交叉技术进行解读，并将其与战略性新兴产业建立联系，从而得到支撑战略性新兴产业发展布局的结构图。

2.1　数据遴选与数据集构建

2.1.1　数据遴选原则

数据遴选依据以下两个原则。

原则一：关注重要创新区域和重要市场。

基于专利数据构建整体技术交叉与融合结构，不仅需要着眼全球重要专利技术产出国家/地区，而且要关注重要技术应用市场。美国、日本和欧洲作为发达国家/地区，一直以来都是先进技术的来源地和技术竞争的主要市场。同时，中国 2011 年受理的发明专利申请量（52 万）首次超过美国成为全球第一，作为快速增长的新兴市场受到全球专利申请人的关注。基于上述考虑和基本事实，选择同时在美国专利商标局（United States Patent and Trademark Office，USPTO）、中国国家知识产权局（State Intellectual Property Office of the P. R. C，SIPO）、欧洲专利局（European Patent Office，EPO）和日本专利局（Japan Patent Office，JPO）提交申请，并在美国获得授权的发明专利（俗称四方专利）作为构建技术结构的基础专利数据来源。四方专利利用汤森路透集团的德温特创新索引（Derwent innovation index，DII）数据库中的同族专利数据进行界定和遴选。

原则二：关注控制产业发展的重要技术。

专利技术护航产业发展的能力不取决于专利数量的多寡，而与高质量专利技术的拥有程度密切相关。因此，从服务我国战略性新兴产业发展的角度，需要更关注高质量专利技术。一般来讲，高质量专利的遴选需要人工综合技术、法律、市场三方面信息进行深入分析而确定，但海量专利数据中高质量专利的筛选由于存在工作量巨大和判断标准难以统一两方面的困难而无法付诸人力。本书中，相对高质量专利的遴选借助 Innography 专利数据与分析平台完成，该平台通过专利强度（patent strength）指标筛选重要专利。专利强度通过专利权利要求数量（patent claim）、引用在先技术文献数量（prior art citations made）、专利被引用次数（citations received）、专利及专利申请案的家族大小（families of applications and patents）、专利申请时程（prosecution length）、专利年龄（patent age）、专利诉讼情况（patent litigation）等十余个专利价值的相关指标计算得到，并在实际中得到应用。专利强度值为 $0 \sim 100\%$，值越高表明专利越有价值，本书遴选四方专利中专利强度大于 90% 的专利开展分析。

为了达到研究目的，要求专利数据著录项尽可能完整、数据标引尽可能深入。美国专利数据在标引深度和完整性方面具有显著优势，因此，本书所需的十年高质量四方发明专利数据采集自美国专利商标局发明专利授权数据库。此外，为了分析技术交叉与融合的时序特征，本书采集了 $2002 \sim 2011$ 年共 10 年的数据。

2.1.2 数据集构建过程

以 2002～2011 年在美国获得授权的发明专利数据库为基础，结合德温特创新索引数据库中的同族专利信息，得到在美国专利商标局获得授权并同时在中国国家知识产权局、欧洲专利局和日本专利局提交发明申请的专利，即四方专利数据集。利用 Innography，从 10 年四方专利中筛选出专利强度大于 90％的专利，得到 27 999 件重要专利，形成本次研究的数据集。专利数据集构建过程如图 2-1 所示。

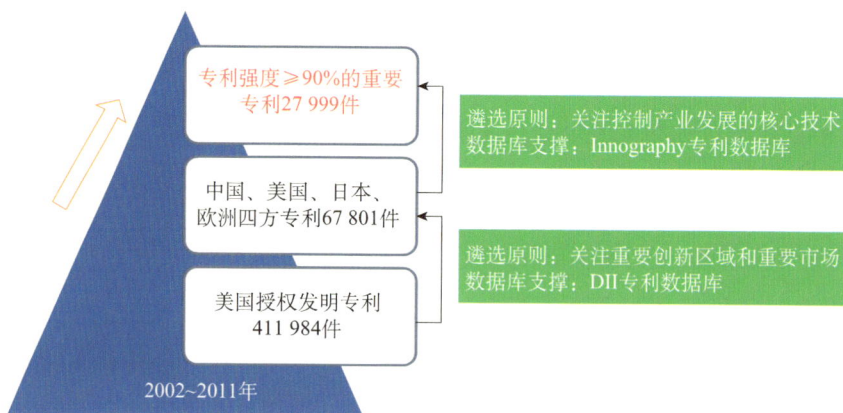

图 2-1　专利数据集构建过程

2002～2011 年，在美国获得授权的发明专利共 411 984 件[①]，其中，四方专利共 67 801 件。在四方专利中，专利强度大于 90％的高质量专利共 27 999 件。

本书最终以 27 999 件高质量四方专利为分析对象，开展研究。表 2-1显示了高质量专利的逐年分布情况，每年的专利数量相对稳定，

---

① 美国专利商标局．专利申请数［EB/OL］．https：//eipweb. uspto. gov/2010/PatentApplBibICEXML［2010-05-01］．

占专利总数的比例为 7.7%～11.9%。

表 2-1 高质量专利年度分布

专利授权/年	专利数量/件	占所有在美国获得授权专利的比例/%
2002	2419	8.6
2003	2816	10.1
2004	2573	9.2
2005	2635	9.4
2006	3328	11.9
2007	3188	11.4
2008	2800	10.0
2009	2865	10.2
2010	3226	11.5
2011	2149	7.7
合计	27 999	100.0

2.2 技术交叉与融合关系的揭示

基于专利文献度量技术交叉与融合关系有多种方法，其中，通过专利之间的引用关系或专利分类号的共现关系来度量和分析技术的交叉与融合是常用方法[①~③]。基于引用关系开展全领域技术交叉与融合研究需要本地化的全球专利数据库作为基础，鉴于此，目前基于引用关系开展的技术交叉与融合研究多针对特定技术领域，如生物纳米技术、信息-消费电子-通信（ICT）技术等。

---

① Kim M S, Kim C. On a patent analysis method for technological convergence [J]. Procedia-Social and Behavioral Sciences，2012，40：657－663.

② No H J, Park Y. Trajectory patterns of technology fusion: Trend analysis and taxonomical grouping in nanobiotechnology [J]. Technological Forecasting & Social Change，2010，77：63－75.

③ Curran C S, Leker J. Patent indicators for monitoring convergence—examples from NFF and ICT [J]. Technological Forecasting & Social Change，2011，78：256－273.

本书希望揭示全技术领域的交叉与融合结构，因此以专利分类号共现关系作为度量技术交叉与融合的基本依据。根据发明专利技术方案所属的技术，每件专利被赋予一个或若干个（如果该发明涉及多个技术类）专利分类号。如果某两个专利分类号 C1 和 C2 在很多专利文献中频繁同时出现（即共现），则认为 C1 和 C2 存在技术上的密切关联，通过共现强度聚类和可视化，得到技术交叉结构图谱。解读 C1 和 C2 所对应的专利文献的技术内容，并将其与战略性新兴产业关联，则可以服务产业布局与发展。这是本书基于分类号共现关系开展技术交叉与融合分析的基本原理和主要思路。

2.2.1 专利分类及其共现关系

世界主要专利分类体系包括国际专利分类（IPC）、欧洲专利分类（ECLA）、美国专利分类（USPC）、日本专利分类（FI/F-term）和 2010 年美欧联合开发的联合专利分类（CPC）。

在美国授权专利数据中，每一件专利同时基于 IPC 和 USPC 两个分类体系进行分类，相对而言，USPC 的分类标准更统一、分类质量更高，而且 USPC 对技术主题词的变化表现更为敏感[①]，有利于技术分析。因此，从可行性和择优的角度考虑，以 USPC 分类号共现为基础，开展交叉与融合分析。

USPC 包括大类和小类两个基本层级，各大类描述不同的技术主题，小类描述大类所含技术主题的工艺过程、结构特征、功能特征。USPC 有 450 个大类，约 15 万个小类，大类和小类结合，定义了特定

---

① 左晶 . IPC 和 USC 分类体系下专利检索的对比分析［J］. 现代情报，2007，（1）：130－132.

专利的技术内容。

2002～2011 年，27 999 件美国重要授权发明专利中涉及的 USPC 数量共 31 846 个，其中 31 564 个 USPC 出现在至少两个重要专利中，占专利数据集所涉及的 USPC 总数量的 99%。27 691 件重要专利（所占比例＞98.9%）中包含两个或两个以上 USPC，可见重要专利中的 USPC 共现关系普遍存在。

2.2.2 分类号共现与技术交叉融合

如果专利分类 USPC1 和 USPC2 同时存在于专利 P1、P2、P3 中（图 2-2），则认为 USPC1 和 USPC2 存在技术上的关联。在构建的专利数据集中，基于 USPC 两两之间的共现关系构建 USPC 共现强度矩阵，根据共现关系对 USPC 进行聚类形成若干聚类簇。每个簇对应于若干个交叉的分类号，即 USPC，同时每个簇关联若干个专利技术。

通过 USPC 共现聚类，形成 155 个交叉技术，包含 18 600 件重要专利，涵盖 6957 个 USPC。其中，在第二次聚类中设定的 4 个参数分别是：①簇内成员间关系阈值为 0.1；②关系阈值增量为 0.02；③簇内成员数最大值为 50 个交叉技术；④簇内成员数最小值为 3 个交叉技术。这 4 个参数决定了聚类结果：簇内成员间关系阈值决定具有强关联性的成员能聚在一个簇中；关系阈值增量、簇内成员数最大值和最小值决定簇内成员数的大小；4 个参数共同决定了簇的数量。这 4 个参数是经过在聚类过程中反复调整，并结合聚类结果的初步判读确定的一组最佳参数。

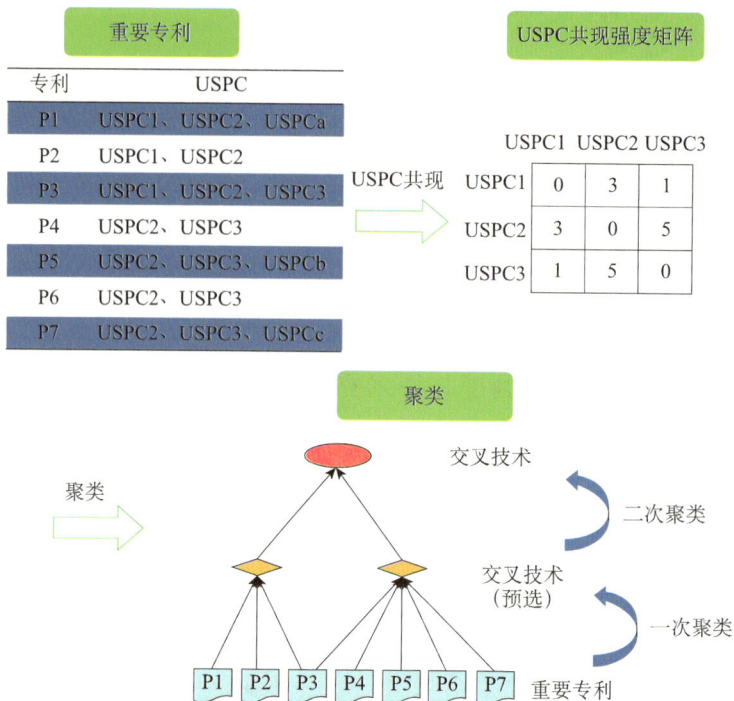

图 2-2　利用 USPC 共现聚类确定交叉技术

2.3　可视化方法

聚类得到 USPC 分类号之间的两两关系，为了方便后续分析，需要将高维空间转化到二维空间，形成二维图表，即可视化。

本书使用重力模型[①~③]形象描述交叉技术之间的相互关系。重力模

---

① Neil R，Quinn J R，Breuer M A. A force directed component placement procedure for printed circuit boards［J］. IEEE Transactions on Circuits and Systems，1979，26（6）：377–388.

② 潘教峰，张晓林，王小梅，等. 科学结构地图 2009［M］. 北京：科学出版社，2010.

③ 潘教峰，张晓林，王小梅，等. 科学结构地图 2012［M］. 北京：科学出版社，2013.

型的基本思想：原子之间存在着引力和斥力，所有原子达到受力平衡时，原子之间的相对位置将保持稳定。借用重力模型的思想，交叉技术可视为原子；两个交叉技术之间的引力由 USPC 共现强度和距离决定。因此，它们之间的共现强度越高，距离越远，相互吸引力就越大，相互就越靠近；两个交叉技术之间的斥力取决于所有交叉技术对最大 USPC 共现强度与这两个交叉技术的距离之比，距离越近，斥力越大。

重力模型得到的是交叉技术的相对位置，绝对位置没有意义。本书采用点线图可视化交叉技术的相对位置，清晰地表达出交叉技术的具体位置及关联关系：距离近的交叉技术表明它们之间的相关性强。

2.4　技术交叉的解析

本书对 2002～2011 年四方专利开展 USPC 共现聚类分析，共产生 155 个交叉技术，每个交叉技术中涉及若干件专利，每件专利保护的均是一个或多个具体的技术创新点，因而需要对每件专利的技术内容进行深入的解读和提炼，从而获悉交叉技术的主要技术内容并进行描述，最终判断每个交叉技术所属的战略性新兴产业[①]。

本书采用专家分析法进行交叉技术的解析和其所属战略性新兴产业的判断。分析由相关领域专业研究人员承担，具体的解析流程如图 2-3 所示。主要包括交叉技术的内容解析和描述以及交叉技术所属战略性新兴产业的判定两方面的工作。

（1）交叉技术的内容解析和描述。由于参与聚类的重要专利均为

---

① 指国家战略性新兴产业规划及中央和地方的配套支持政策确定的 7 个领域（23 个重点方向），分别指节能环保产业、新一代信息技术产业、生物产业、新能源产业、新能源汽车产业、高端装备制造产业和新材料产业。

四方专利，所以直接将聚类最后产生的 155 个交叉技术中的 18 600 件美国专利对应至同一技术的中国专利（或专利申请），并获取相关中国专利（或专利申请）的技术内容信息①。基于上述信息，相关领域专业研究人员主要解读专利技术方案和技术实现的功能，同时兼顾技术可能应用的产品和影响行业，进行交叉技术的内容解析和描述。

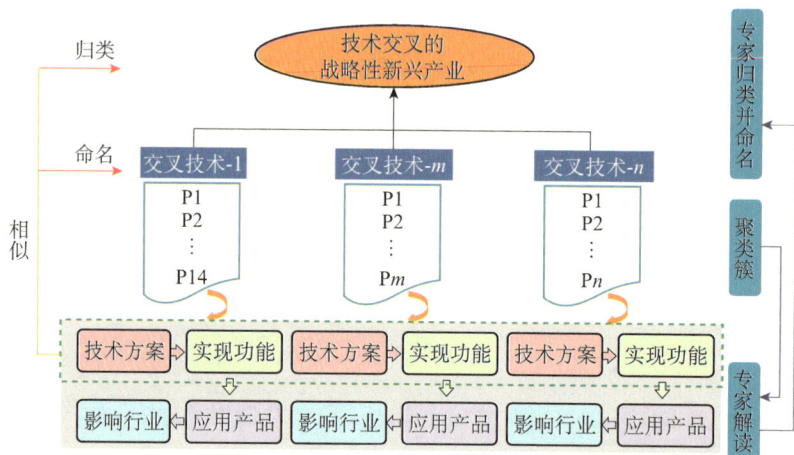

图 2-3　交叉技术的解析流程

（2）交叉技术所属战略性新兴产业的判定。根据技术内容解析结果，依据战略性新兴产业分类表（2012）（附表1），判定交叉技术所属的战略性新兴产业，划分至战略性新兴产业的三级产业（子产业）；对于无法归入战略性新兴产业的交叉技术统称为"其他传统产业"，并参考国民经济行业分类代码表②（GB/T 4754—2011），判定相关交叉技术的所属产业，划分同样至国民经济行业的三级行业（子产业）。

---

①　相关中国专利（或专利申请）的技术内容信息来源于中国专利技术开发公司对专利的名称和摘要的加工信息。中国专利技术开发公司成立于1986年，隶属于中华人民共和国国家知识产权局，是在国家工商行政管理总局登记注册的国有企业，目前主要承担国家知识产权局中国专利的分类审查和数据深加工等任务。

②　中华人民共和国国家统计局网站：http://www.stats.gov.cn.

图 2-4 是交叉技术（ID 36）的解析实例。

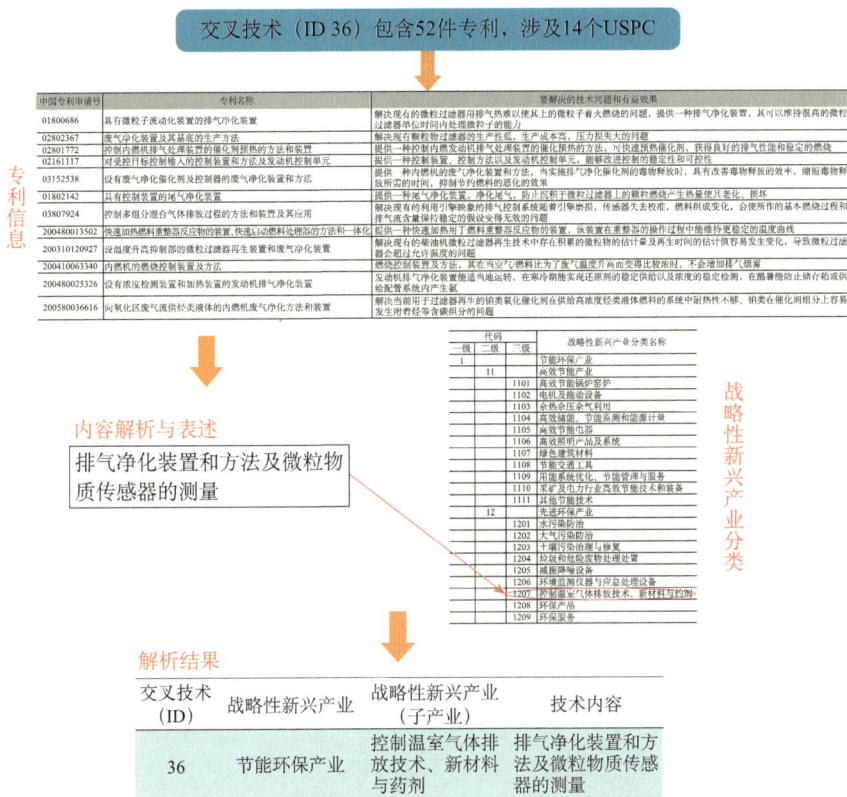

图 2-4　交叉技术解析实例

2.5　主要分析指标

本书从反映技术交叉融合特征的角度出发，构建了技术交叉融合广度和融合强度指标；最终要揭示技术的交叉融合及其随时间的变化，因而从时间维度构建了表征技术活跃状态的技术活跃度指标。

2.5.1　技术交叉融合广度

技术交叉融合广度指特定产业或特定方向涉及技术的广泛程度，

由以下公式计算得到。

$$技术交叉融合广度 W_i = \frac{U_i}{U_A}(i \in A)$$

其中，交叉技术 i 属于战略性新兴产业 A；U_i 为交叉技术 i 包含的 USPC 数量；U_A 为战略性新兴产业 A 包含的 USPC 数量。技术交叉融合广度值越大，则交叉技术的技术广泛程度越高。

2.5.2 技术交叉融合强度

技术交叉融合强度指特定产业或特定技术方向上的专利数量，由以下公式计算得到。

$$技术交叉融合强度 I_i = \frac{P_i}{U_i} \bigg/ \frac{P_A}{U_A}(i \in A)$$

其中，交叉技术 i 属于战略性新兴产业 A；U_i 和 P_i 分别为交叉技术 i 包含的 USPC 数量和专利数量；U_A 和 P_A 分别为战略性新兴产业 A 包含的 USPC 数量和专利数量。技术交叉融合强度值越大，则特定技术方向上的专利布局越密集。

2.5.3 技术活跃度

技术活跃度考虑了最新专利授权的年份和授权量最多的年份，可对交叉技术或者产业进行计算，由以下公式计算可得[①]。

$$技术活跃度 AD = \frac{(2011 - Y_{最新授权专利}) + (2011 - Y_{授权量最多})}{2}$$

其中，$Y_{最新授权专利}$ 为最新的授权专利的申请年；$Y_{授权量最多}$ 为专利授权量最多的年份。技术活跃度值越小，则技术的活跃时间离当前时间（本

---

① 本书分析的专利为 2002～2011 年在美国获得授权的专利，因而取 2011 年为基准年进行时间的对比计算。

书中以 2011 年作为基准）越近，技术近期越活跃。在本书中，利用技术活跃度指标进行活跃与否的判别。

2.5.4　技术吸收时间

技术吸收时间指特定专利与其引用的在先专利的时间差，可以反映不同国家吸收在先技术、开展技术创新的快慢。计算方式如下。

专利 i 引用在先专利时间差 T_i：

$$T_i = \sum_{j=1}^{n} (AP_i - AC_{ij})/n$$

国家 x 在某产业 y 中的平均技术吸收时间 V_{xy}：

$$V_{xy} = \sum_{i=1}^{m} T_i/m$$

国家 x 在全产业领域（包括 8 个产业）中的平均技术吸收时间 $\bar{V}_x$：

$$\bar{V}_x = \sum_{y=1}^{8} V_{xy}/8$$

其中，专利 i 共引用在先专利 n 个；AP_i 指专利 i 的申请时间；AC_{ij} 指专利 i 引用的在先专利 j 的申请时间；国家 x 在某领域 y 中共有专利 m 件。某个国家引用在先专利的时间差越小，说明该国家在该产业中的平均技术吸收时间越快，对该领域新技术的再次改进也越快。

3

技术交叉结构

本章以地图形式从全局展现 155 个交叉技术及其所属产业分布，并以技术活跃度指标对 155 个交叉技术进行活跃程度的区分，利用技术交叉融合强度和技术交叉融合广度两个指标来分析最活跃的技术[①]及最不活跃技术[②]的技术交叉融合特征，并进行对比分析。

3.1　技术交叉结构地图

按照第 2 章所述研究方法，对 27 999 件高质量四方专利进行 USPC 共现聚类，并利用重力模型可视化，最终形成由 155 个交叉技术组成的技术交叉图谱（图 3-1）。该图谱中的点代表了不同的交叉技术，点的大小与该交叉技术中涉及的 USPC（即组成技术）数量多寡有关，点与点之间的连线代表不同的交叉技术之间的相关关系。

根据图中每个点对应的 USPC，可以在数据集中对应出一组重要专利。技术专家对这些专利进行解读，并依据战略性新兴产业分类表（2012）（附表 2），即可建立起 155 个交叉技术与子产业和产业之间的对应关系，用不同的颜色标注不同的战略性新兴产业涉及的子技术或子产业，即得到图 3-1。因此，图 3-1 是一张结合了技术交叉融合布局与产业技术关联的结构图。

---

①　在 155 个交叉技术中，将活跃度≤4 的技术定义为活跃技术。
②　在 155 个交叉技术中，将活跃度≥8 的技术定义为不活跃技术。

图中 155 个交叉技术在 7 个战略性新兴产业（节能环保产业、新一代信息技术产业、生物产业、新能源产业、新能源汽车产业、高端装备制造产业和新材料产业）中均有分布（图中用不同背景色标注）。

各战略性新兴产业在地图上的分布范围在一定程度上反映了该产业对技术交叉融合的需求和目前已经形成的技术交叉融合现状。分布较广泛的产业，涉及交叉技术数量较多，交叉融合态势也更为明显。

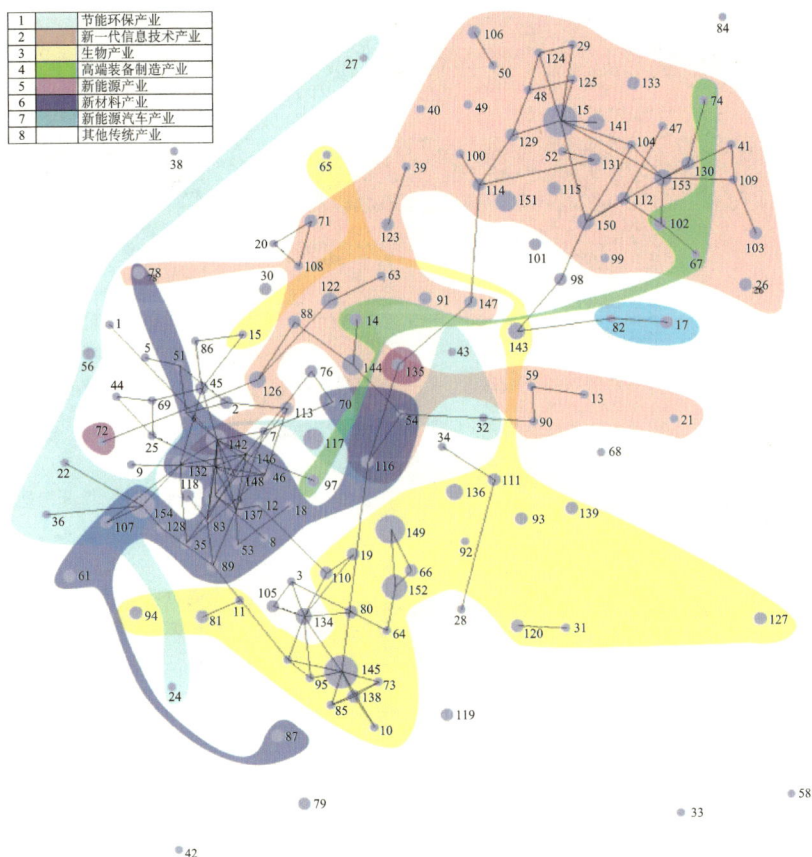

1	节能环保产业
2	新一代信息技术产业
3	生物产业
4	高端装备制造产业
5	新能源产业
6	新材料产业
7	新能源汽车产业
8	其他传统产业

图 3-1 技术交叉结构及与我国战略性新兴产业的关联图

注：①每一个圆代表一个交叉技术，解读后可以对应于特定的子产业，圆的大小与产业中包含的 USPC 数量成正比。圆旁边的数字代表交叉技术的 ID 号。②圆之间连线代表产业之间具有较强的关联，各个圆之间的相对位置也反映出它们之间的关联程度，距离越近，关联程度越高。图中上下左右的方位没有实际含义。③相同色块内的产业属于同一个战略性新兴产业

　　表 3-1 是经过专家解读后的 155 个交叉技术的内容、所属的战略性新兴产业和子产业。155 个交叉技术共涉及 83 个子产业，其中 62 个子产业属于战略性新兴产业，21 个子产业为其他传统产业。

表 3-1　交叉技术及其对应的产业明细表

技术 ID	技术内容	所属产业	所属子产业
1	密封材料及密封方法	其他传统产业	橡胶和塑料制品业
2	造纸工艺、产品及其应用	其他传统产业	造纸和纸制品业
3	表面活性剂、洗涤剂技术及应用	其他传统产业	化学原料和化学制品制造业
4	金属合金材料的制备方法	新材料产业	新型金属功能材料
5	纤维织物、皮革状物的制法	其他传统产业	纺织业；皮革、毛皮、羽毛及其制品和制鞋业
6	具有特种性能的复合材料的制备方法和技术	新材料产业	高性能纤维及复合材料
7	单晶、多晶和薄膜材料等及其电子器件的制备方法及应用	新一代信息技术产业	关键电子材料；新型元器件
8	基于配合物的新型催化剂体系	新材料产业	新型催化材料及助剂
9	激光、离子束装置及其应用	其他传统产业	专用设备制造业
10	关于化合物及其衍生物或组合物的结构、作用机制、剂型、给药途径、治疗效果、用途等方面的改进	生物产业	化学药品与原料药制造；生物技术药物
11	制药和医疗过程中使用的各种仪器、元件、工具和方法	生物产业	先进治疗设备；医用检查检验仪器；生物医药服务
12	涂层、纤维、胶囊、纳米粒子和颗粒的合成与应用	新材料产业	表面功能材料；高性能纤维及复合材料
13	光纤光栅器件及其制造方法	新一代信息技术产业	网络设备
14	多层印刷电路板、新型连接元件、智能化打印设备的制造方法以及 RFID 等技术	新一代信息技术产业；高端装备制造产业	集成电路；新型元器件；重大智能制造成套装备；网络设备
15	医用检查仪器相关的设备、元件、设计、方法、板材等	生物产业	医用检查检验仪器
16	计时装置	其他传统产业	

续表

技术 ID	技术内容	所属产业	所属子产业
17	车辆控制系统设计	新能源汽车产业	发电机及发电机组制造；新能源汽车电动机制造
18	具有一定功能（或结构）的聚合物的合成与应用	新材料产业	表面功能材料；高品质新型有机活性材料；新型膜材料
19	与伤口、皮肤相关的医疗设备、器械、医用制品、方法等	生物产业	先进治疗设备；生物医药服务；生物技术药物；医用检查检验仪器
20	光学装置特种加工优化及应用	其他传统产业	仪器仪表制造业-光学仪器及眼镜制造
21	激光的产生、调谐和控制技术与装置	新一代信息技术产业	新型元器件；新型显示器件
22	节能的技术和方法	节能环保产业	其他节能技术
23	土木建筑砌块	其他传统产业	土木工程建筑业-铁路、道路、隧道和桥梁工程建筑
24	蒸发、冷凝、提纯的方法和技术	节能环保产业	余热、余压、余气利用
25	薄膜、镜片、光学系统的方法及制造	其他传统产业	化学原料和化学制品制造业；仪器仪表制造业
26	记录/再现信息的方法和设备、存储介质、相关方法和产品以及音频存储设备	新一代信息技术产业	集成电路；广播电视制播设备
27	能源管理相关的系统、方法和装置	节能环保产业	用能系统优化、节能管理与服务；采矿及电力行业高效节能技术和装备
28	流体系统及流体元件的改进	其他传统产业	通用设备制造业-泵、阀门、压缩机及类似机械制造
29	互联网相关的通信、存储等设备和方法	新一代信息技术产业	网络设备
30	微型元件加工方法和电磁兼容性优化方法	其他传统产业	计算机、通信和其他电子设备制造业
31	医学检查与治疗设备、装置、器械、元件、方法	生物产业	医用检查检验仪器；先进治疗设备；生物医药服务

续表

技术 ID	技术内容	所属产业	所属子产业
32	电子元器件、光源装置及光学系统	节能环保产业	高效照明产品及系统
33	容器开启、关闭结构	其他传统产业	通用设备制造业
34	流体、质量控制方法及系统和阀泵设备制造	其他传统产业	通用设备制造业
35	聚合物泡沫材料、树脂材料的制备方法	新材料产业	工程塑料及合成树脂
36	排气净化装置和方法及微粒物质传感器的测量	节能环保产业	控制温室气体排放技术、新材料与药剂
37	涡轮材料、叶片形状及结构设计方法	其他传统产业	铁路、船舶、航空航天和其他运输设备制造业
38	发热元件及加热方法	其他传统产业	汽车制造业
39	磁阻元件的应用及制造方法	新一代信息技术产业	新型元器件；关键电子材料
40	现实生活和网络中的身份识别及认证技术	新一代信息技术产业	下一代信息网络安全防护产品；集成电路；数字视听与数字家庭产品；软件及应用系统；网络与信息安全服务
41	通信系统及通信网络技术	新一代信息技术产业	网络设备；信息网络设施
42	新型雾化装置及其相关组件	其他传统产业	专用设备制造业
43	氟代烯烃的组合物传热性能研究	节能环保产业	高效节能电器
44	模具制造及模制系统	其他传统产业	橡胶和塑料制品业
45	复合材料的制造及使用	其他传统产业	
46	特定功能合成树脂材料	新材料产业	工程塑料及合成树脂；高品质新型有机活性材料
47	新型电声装置及新型移动通信设备的制造方法	新一代信息技术产业	网络设备；新型元器件
48	计算机软件程序优化方法	新一代信息技术产业	软件及应用系统
49	可应用于物联网的信息感知、信息传输及信息处理等技术	新一代信息技术产业	网络设备；信息技术服务

续表

技术 ID	技术内容	所属产业	所属子产业
50	计算机等终端的存储管理及数据的安全处理等方法	新一代信息技术产业	网络设备；信息技术服务
51	高性能纤维及复合材料的制备方法和技术	新材料产业	高性能纤维及复合材料
52	通信系统中的调制、解调、编码、解码、数模转换、信号处理等方法	新一代信息技术产业	网络设备；信息网络设施；新一代信息终端设备；电子专用设备仪器
53	含氟组合物、涂料组合物和涂层的制备	新材料产业	表面功能材料；工程塑料及合成树脂
54	发光元件相关制造方法和工艺技术	节能环保产业；新一代信息技术产业；新材料产业	节能环保产业-高效照明产品及系统；新一代信息技术产业-新型显示器件；新材料产业-电子功能材料
55	动力工具制造	其他传统产业	金属制品业
56	废水处理等技术	节能环保产业	环保服务
57	螺纹连接及其防护	其他传统产业	通用设备制造业
58	具有防溢阀门、流体阀等阀门的装置及其测量、控制等方法	其他传统产业	通用设备制造业；其他制造业
59	光纤器件制造方法及相关技术	新一代信息技术产业	网络设备
60	与生物技术药物、化学药品、中药相关的各种药物、制备方法、剂型、应用等	生物产业	生物技术药物；化学药品与原料药制造；现代中药与民族药
61	具有一定特性的玻璃（如光学玻璃）的制造与应用	新材料产业	功能玻璃和新型光学材料
62	涡轮机组件的改进	其他传统产业	航空、航天器及设备制造
63	晶元、半导体元件、芯片的检测、诊断、评估方法、系统、装置；集成电路制造中的控制、检测方法、系统、装置	新一代信息技术产业	集成电路
64	生物技术药物、工业酶的制造技术与设备	生物产业	生物技术药物；特殊发酵产品与生物过程装备

续表

技术 ID	技术内容	所属产业	所属子产业
65	定影与成像方法及装置	生物产业	医学影像设备
66	疫苗、生物技术药物、化学药品、中药、生物农药、兽药疫苗、生物化工产品、医疗器械、医学影像设备相关的产品、试剂盒、制作方法、治疗方法、应用；与医疗器械、医学影像设备相关的元件、设备、方法	生物产业	新型疫苗；生物技术药物；化学药品与原料药制造；现代中药与民族药；生物医药服务；医学影像设备；生物农药；生物化工产品
67	用于通信、射频设别等设备、装置的高性能天线、天线部件的形成、封装方法	新一代信息技术产业；高端装备制造产业	网络设备；信息网络设施；集成电路；网络与信息安全服务；卫星通信应用系统
68	电子显示设备及照明系统	其他传统产业	电气机械和器材制造业；计算机、通信和其他电子设备制造业
69	塑料成型和提高印刷分辨率	其他传统产业	橡胶和塑料制品业
70	金属材料及其复合材料的制备方法	新材料产业	新型金属功能材料
71	投影光学系统、光刻投影系统	新一代信息技术产业	集成电路；新型元器件
72	电池及其结构材料的制备方法及电镀的工艺、设备和技术	新能源产业	太阳能产品
73	生物技术药物、化学药品制备与合成方法、用途、治疗方法等；生物栽培方法；海洋生物活性物质及中间体合成与用途	生物产业	生物技术药物；化学药品与原料药制造；生物育种；海洋生物活性物质及生物制品
74	信号处理的方法及设备，尤其是信道编码、译码、加速及信道估计、信道质量反馈等方法，以及数据传输编码、信号传送、接收的方法及装置	高端装备制造产业；新一代信息技术产业	卫星通信应用系统；卫星导航应用服务系统；网络设备；信息网络设施；新一代信息终端设备
75	管接头的测量、改进及评估	其他传统产业	通用设备制造业
76	电子元器件的制造方法	其他传统产业	计算机、通信和其他电子设备制造业
77	发电机及电动机的控制方法	其他传统产业	电气机械和器材制造业-电机制造；输配电及控制设备制造

续表

技术 ID	技术内容	所属产业	所属子产业
78	半导体材料自备技术及装备	新材料产业；新一代信息技术产业	电子功能材料；关键电子材料
79	喷涂设备的制造	其他传统产业	通用设备制造业
80	生物技术药物、化学药物、医疗器械等相关的产品、方法	生物产业	生物技术药物；化学药品与原料药制造；现代中药与民族药；生物医药服务
81	与医药医疗器材设备相关的元部件、装置、仪器	生物产业	生物医药服务；生物基材料
82	车辆辅助及检测系统	新能源汽车产业	新能源汽车零部件配件制造；新能源汽车电动机制造
83	热塑性树脂的制备方法和技术	新材料产业	工程塑料及合成树脂
84	自行车伺服驱动	其他传统产业	铁路、船舶、航空航天和其他运输设备制造业
85	生物类、化学类药物、衍生物、组合物及其制备方法和应用	生物产业	生物技术药物；化学药品与原料药制造
86	地毯、草皮、壁毯等建筑装饰物及锁定系统、卫生用品的制备	其他传统产业	建筑装饰和其他建筑业；其他制造业
87	高性能染料组合物的制备	新材料产业	高品质新型有机活性材料
88	半导体领域相关制造方法、工艺技术、材料和装置	新一代信息技术产业	集成电路；新型元器件；关键电子材料
89	由无机、有机或高分子材料构成的组合物的合成与应用	新材料产业	表面功能材料；高品质合成橡胶
90	光学、显示、照明装置	新一代信息技术产业	新型显示器件
91	图像投影、显示的方法、装置与系统	新一代信息技术产业	新型显示器件；数字视听与数字家庭产品
92	基于电化学原理的测量技术，更偏重于电化学生物传感器	生物产业	医用检查检验仪器
93	医疗器械、医用治疗检查设备、植入性医用材料相关的元件、装置、设备及其使用方法；生物技术药物制备方法、相关产品及其应用	生物产业	生物技术药物；生物医药服务；医学影像设备；先进治疗设备；医用检查检验仪器；植介入生物医用材料

技术 ID	技术内容	所属产业	所属子产业
94	分离、过滤（主要是血液）装置	生物产业	先进治疗设备
95	蛋白酶抑制剂类化学衍生物、组合物及应用	生物产业	生物技术药物；化学药品与原料药制造
96	美容和清洁用具（如刷子类用具）	其他传统产业	其他制造业
97	墨水组件、墨盒、喷墨记录装置及喷墨记录、成像方法	高端装备制造产业	重大智能制造成套装备
98	设备信息采集、监控	其他传统产业	计算机、通信和其他电子设备制造业-通信设备制造
99	图像处理、识别、制作等系统、程序、方法等；图像、视频记录、存储、处理设备（如照相机、摄像机等）	新一代信息技术产业	集成电路；新型显示器件；数字视听与数字家庭产品；广播电视制播设备；电子专用设备仪器；软件及应用系统
100	信息识别、处理的方法及装置，此处信息包含指纹、面部等实时捕捉信息以及其他图像、多媒体视频、文档、数据等	新一代信息技术产业；生物产业	新一代信息终端设备；下一代信息网络安全防护产品；电子专用设备仪器；医学影像设备
101	电子设备及电路系统	其他传统产业	电气机械和器材制造业
102	对通信系统、设备、终端及其元器件性能的改进、提升（如减小损耗、提升可靠性、容积优化等），尤其是天线装置、滤波装置等设备的改进；通信系统、方法的改进；信号处理系统、方法的改进	新一代信息技术产业；高端装备制造产业	网络设备；信息网络设施；新一代信息终端设备；集成电路；电子专用设备仪器；信息技术服务；卫星通信应用系统；卫星导航应用服务系统
103	无线通信、光通信信道、传输相关的装置、方法、系统，以及其性能改善相关的装置、方法、系统	新一代信息技术产业	集成电路；新一代信息终端设备；电子专用设备仪器
104	通信网络相关业务的方法、系统、设备；通信网络控制、监测、网络接口、网间链接等方法、系统、设备、服务等（如网关、协议等）；电子信息服务方法、系统、设备	新一代信息技术产业	网络设备；信息网络设施；新一代信息终端设备；信息技术服务；电子商务服务；网络与信息安全服务
105	日用化学品（清洁剂、洗涤剂、消毒液、表活剂等）制备与应用	其他传统产业	化学原料和化学制品制造业
106	存储单元、存储系统的相关设备和方法及性能提升方法、设备	新一代信息技术产业	集成电路；新型元器件；电子专用设备仪器

续表

技术 ID	技术内容	所属产业	所属子产业
107	过滤/吸附装置、技术及其应用	节能环保产业；新材料产业	环保产品；新型功能陶瓷材料
108	光刻技术与装置	新一代信息技术产业	集成电路；新型元器件
109	检测及改善通信质量、检测及提高信号传输效率、检测及改进信号干扰等设备、系统、方法	新一代信息技术产业	信息网络设施；新一代信息终端设备
110	生物和化学药物的缓释、控释、速释等制剂技术	生物产业	生物技术药物；化学药品与原料药制造
111	呼吸器件及设备的改进（包括面具、鼻管、气流控制、加湿设备等）	生物产业	先进治疗设备
112	无线通信终端设备（如手机等）及相关元件（如天线、音频播放等）、配件（如耳机、键盘等）及其制造；助听设备	新一代信息技术产业	信息网络设施；新一代信息终端设备；电子专用设备仪器
113	光学成像和信息记录技术、元器件及其材料	新一代信息技术产业	新型显示器件；新型元器件
114	数字图像的处理、显示的方法及设备	新一代信息技术产业	数字视听与数字家庭产品；广播电视制播设备
115	语音和文本的识别、容错及特征比较	新一代信息技术产业	信息网络设施
116	发光元件相关材料、制造方法和工艺技术	节能环保产业；新一代信息技术产业；新材料产业	高效照明产品及系统；新型显示器件；电子功能材料；关键电子材料
117	电池制造	节能环保产业	高效储能、节能监测和能源计量
118	吸收制品及其应用（卫生用品）	其他传统产业	医药制造业
119	食品、饮料加工制造及专用设备制造	其他传统产业	酒、饮料和精制茶制造业；食品制造业；专用设备制造业
120	注射及流体给药设备的改进及应用	生物产业	先进治疗设备
121	各种功能材料的合成与应用	新材料产业	表面功能材料；高品质新型有机活性材料；新型膜材料；工程塑料及合成树脂

续表

技术 ID	技术内容	所属产业	所属子产业
122	集成电路的设备、材料及技术	新一代信息技术产业	集成电路
123	半导体存储器件等的相关制造方法和工艺技术	新一代信息技术产业	集成电路；新型元器件
124	数据流的存储、通信、调度、控制的方法和装置	新一代信息技术产业	新一代信息终端设备；集成电路
125	多任务计算机（处理器）的控制及通信方法和装置	新一代信息技术产业	新一代信息终端设备；集成电路
126	用于半导体材料抛光、研磨、刻蚀等的技术和材料	新一代信息技术产业	集成电路；电子专用设备仪器
127	脊柱/骨关节植入物及手术相关组件、固定装置、操作方法	生物产业	植介入生物医用材料；先进治疗设备
128	碳、石墨、碳纳米管及其复合材料的制备及应用	新材料产业	新型能源材料；新型催化材料及助剂；高品质合成橡胶；高性能纤维及复合材料
129	工作流的控制、分配、触发的方法	新一代信息技术产业	信息网络设施；集成电路
130	多信道通信的数据编码、处理、信号保护、方法及设备技术	新一代信息技术产业	网络设备；信息网络设施
131	图像、视频编码、压缩、纠错、存储、传送的方法及设备技术	新一代信息技术产业	信息网络设施；数字视听与数字家庭产品
132	特定功能膜材料、新型催化剂	新材料产业	新型膜材料；新型催化材料及助剂
133	音频信号的编码、解码、识别、合成、传送、检索、定位、播放和扩展的方法及设备	新一代信息技术产业	信息网络设施；数字视听与数字家庭产品
134	发泡剂、乳化剂、表面活性剂等日化产品的制备和应用	其他传统产业	化学原料和化学制品制造业
135	半导体显示器件、太阳能电池等的相关材料、制造方法和工艺技术	新一代信息技术产业；新能源产业	器件；新型元器件；太阳能产品
136	医疗检查、监测、治疗相关仪器设备及应用	生物产业	先进治疗设备；医用检查检验仪器
137	各种涂料、涂层的合成与应用；多种树脂的合成方法	新材料产业	表面功能材料；工程塑料及合成树脂；金属基复合材料和陶瓷基复合材料

技术 ID	技术内容	所属产业	所属子产业
138	生物化学药物衍生物、组合物的制备和应用（主要为蛋白酶/细胞因子抑制剂）	生物产业	生物技术药物；化学药品与原料药制造
139	外科手术器械及手术方法	生物产业	先进治疗设备
140	特定功能合成树脂、合成纤维材料以及与之相关的新型催化剂体系	新材料产业	新型催化材料及助剂；工程塑料及合成树脂；高性能纤维及复合材料
141	媒体流的传送、接收、选择、控制和保护、存储、偏好分析的方法设备技术	新一代信息技术产业	新一代信息终端设备；数字视听与数字家庭产品
142	新型显示器件及膜材料、工程塑料及合成树脂	新一代信息技术产业；新材料产业	新型显示器件；新型膜材料；高性能密封材料；工程塑料及合成树脂
143	成像和定位诊断技术及设备（内窥镜、MRI 等）	生物产业	医学影像设备
144	半导体领域相关制造方法、工艺技术、材料和装置	新一代信息技术产业	集成电路；新型元器件；关键电子材料
145	生物化学药物衍生物、前体、组合药物及其应用	生物产业	生物技术药物；化学药品与原料药制造
146	各种功能材料的合成与应用	新材料产业	表面功能材料；高品质新型有机活性材料；新型膜材料；工程塑料及合成树脂
147	显示设备的驱动、元件布置、漫射、老化补偿、调节、降噪、数据包传输的方法及设备技术	新一代信息技术产业	新型显示器件
148	具有一定功能（或结构）的聚合物和组合物的合成与应用	新材料产业	表面功能材料；新型膜材料；工程塑料及合成树脂
149	生物样品的检测方法、装置	生物产业	生物技术药物；医用检查检验仪器
150	射频识别、无线定位的方法、系统和装置	新一代信息技术产业	新一代信息终端设备
151	终端输入方式及其方法、系统、设备	新一代信息技术产业	新一代信息终端设备

技术 ID	技术内容	所属产业	所属子产业
152	涉及生物化学、遗传工程的方法；相关产物的制备和应用	生物产业	新型疫苗；生物技术药物；化学药品与原料药制造；生物育种；生物农药；特殊发酵产品与生物过程装备
153	移动通信的终端、基站、信息编码、信号传输、码分多址、定位等方法及设备技术	新一代信息技术产业	网络设备；信息网络设施
154	空气过滤材料及其制法、过滤组件和过滤装置等	节能环保产业；新材料产业	环保产品；新型催化材料及助剂
155	网络的数据存储、信息传播、地址分配、消息通信、信息共享的方法和设备技术	新一代信息技术产业	网络设备；信息网络设施；网络与信息安全服务

注：橙色标注活跃技术，绿色标注不活跃技术

在图 3-1 和表 3-1 的基础上，统计出各产业涉及的子产业及交叉技术的数量，得到表 3-2。

表 3-2　战略性新兴产业的技术交叉融合概况统计

产业序号	产业名称	涉及子产业数量/个	包含的交叉技术数量/个	所占比例/%
1	节能环保产业	10	12	7.7
2	新一代信息技术产业	16	55	35.5
3	生物产业	15	29	18.7
4	高端装备制造产业	3	5	3.2
5	新能源产业	1	2	1.3
6	新材料产业	14	27	17.4
7	新能源汽车产业	3	2	1.3
8	其他传统产业	21	37	23.9

注：一个交叉技术可能同时属于多个产业、多个子产业

表中用橙色标注了交叉技术数量超过 50 个的战略性新兴产业，蓝色标注了交叉技术数量超过 25 个的战略性新兴产业。新一代信息技术产业中技术交叉与融合最为广泛，共有 55 个交叉技术分布在新一代信

息技术产业的 16 个子产业中。其次是生物产业，共有 29 个交叉技术分布在 15 个子产业中。新材料产业的技术交叉与融合也比较广泛。

相对而言，新能源产业、新能源汽车产业和高端装备制造产业的技术交叉融合态势较弱，其包含的交叉技术数量较少，涉及的子产业数量也相对较少。

表 3-3 为各产业中主要子产业①的交叉技术数量分布情况。新一代信息技术产业中的集成电路、网络设备、信息网络设施、新型元器件和新一代信息终端设备等 5 个子产业的交叉技术分布较为广泛，是技术交叉融合的主要方向；生物产业中的生物技术药物、化学药品与原料药制造以及先进治疗设备等 3 个子产业是技术交叉融合的主要方向；新材料产业中技术交叉融合的主要方向为工程塑料及合成树脂子产业；节能环保产业中技术交叉融合的主要方向为高效照明产品及系统子产业；高端装备制造产业中技术交叉融合的主要方向为卫星通信应用系统子产业；新能源产业中技术交叉融合的主要方向为太阳能产品子产业；新能源汽车产业中技术交叉融合的主要方向为电动机制造子产业；其他传统产业主要集中于通用设备制造业子产业。

表 3-3　各产业中主要子产业所涵盖的交叉技术统计

产业序号	所属产业	子产业	交叉技术数量/个
1	节能环保产业	高效照明产品及系统	3
2	新一代信息技术产业	集成电路	19
		网络设备	16
		信息网络设施	16
		新型元器件	13
		新一代信息终端设备	13

---

① 主要子产业：根据数据情况，在此设定各产业中交叉技术的数量大于 9 个的子产业，或该产业中拥有交叉技术数量最多的子产业。

续表

产业序号	所属产业	子产业	交叉技术数量/个
3	生物产业	生物技术药物	15
		化学药品与原料药制造	11
		先进治疗设备	10
4	高端装备制造产业	卫星通信应用系统	3
5	新能源产业	太阳能产品	2
6	新材料产业	工程塑料及合成树脂	10
7	新能源汽车产业	电动机制造	2
8	其他传统产业	通用设备制造业	7

按照技术活跃度指标计算 155 个交叉技术的活跃程度。特定交叉技术的活跃度值越小，代表该交叉技术中高质量专利产出的时间离当前时间（本书以 2011 年作为当前时间的基准）越近，小于特定值，可以将这类交叉技术视为"活跃技术"。值越大，表示该交叉技术中高质量专利产出的时间离当前时间越远，超过一定值后，将这类交叉技术视为"不活跃技术"。根据各交叉技术活跃度的分布情况，区分出活跃技术[1]（共 15 个）和不活跃技术[2]（共 8 个）。

从技术活跃度角度看，在 155 个交叉技术中，活跃技术涉及新一代信息技术产业、生物产业、节能环保产业、新材料产业及其他传统产业。不活跃技术涉及其他传统产业、生物产业和新一代信息技术产业。

从技术活跃度的分布看，155 个交叉技术的活跃度分布范围为 3～8.5，整体呈偏态分布，约 82%（127 个）的交叉技术活跃度为 4.5～7（图 3-2）。

---

[1] 本书根据数据实际情况，定义活跃度≤4 的交叉技术为活跃技术。
[2] 本书根据数据实际情况，定义活跃度≥8 的交叉技术为不活跃技术。

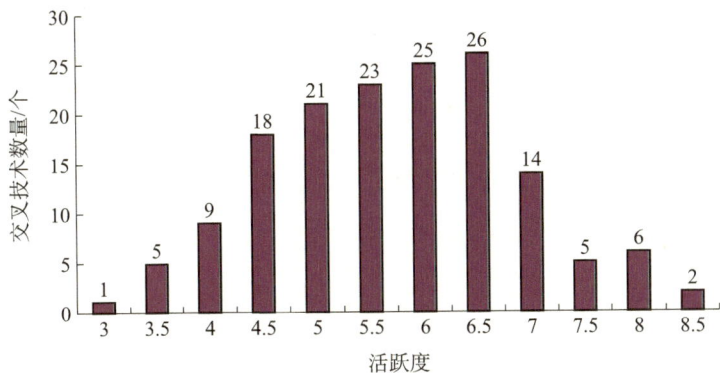

图 3-2　各交叉技术活跃度分布

3.2　技术交叉融合特征

本节从技术交叉融合广度和技术交叉融合强度[①]两个指标分析我国战略性新兴产业的技术交叉融合特征，并对 155 个交叉技术中的活跃技术和不活跃技术进行技术交叉融合特征的分析。揭示不同战略性新兴产业的技术交叉融合的广泛性和技术交叉的强度。

3.2.1　战略性新兴产业的技术交叉融合特征

针对我国七大战略性新兴产业以及其他传统产业，进行技术交叉融合广度和技术交叉融合强度的计算得到图 3-3。图中以 8 个产业平均技术交叉融合广度和平均技术交叉融合强度划分为四个区域，揭示不同产业的技术交叉融合程度在整体技术构成中的相对位置。

如图 3-3 所示，新材料产业位于 A 区，具有较高的技术交叉融合

---

①　技术交叉融合广度主要衡量技术涵盖的技术多样性；技术交叉融合强度衡量特定交叉技术中，专利保护的密集程度。

广度，但技术交叉融合强度相对较低，说明虽然新材料产业的技术交叉较为广泛，但是相对于其他战略性新兴产业，该产业所涉及技术的专利聚集程度不高。

新一代信息技术产业和生物产业位于 B 区，这两个产业，尤其是新一代信息技术产业的技术发展迅猛，技术交叉广泛、技术更新快，导致这两个产业的技术交叉融合广度和技术交叉融合强度均较高。

高端装备制造产业位于 C 区，该产业涵盖的技术虽然不十分广泛，但是相关技术的专利申请量相对较大，因而高端装备制造产业的技术交叉融合强度较大。

新能源产业、节能环保产业、新能源汽车产业和其他传统产业等 4 个产业位于 D 区，这些产业的技术交叉融合广度和技术交叉融合强度相对较低。

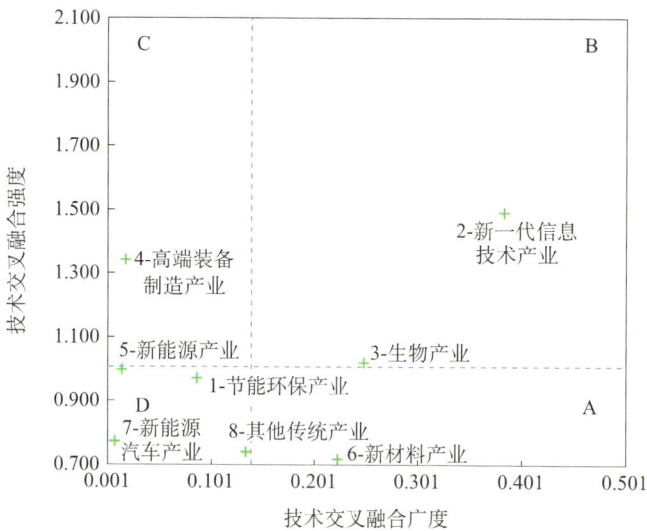

图 3-3　2002～2011 年各产业的技术交叉融合特征

3.2.2 活跃技术方向的技术交叉融合特征

图 3-4 展现了 15 个活跃技术的技术交叉融合广度和技术交叉融合强度分布，图中以 155 个交叉技术整体平均技术交叉融合广度和平均技术交叉融合强度来划分为四个区域。

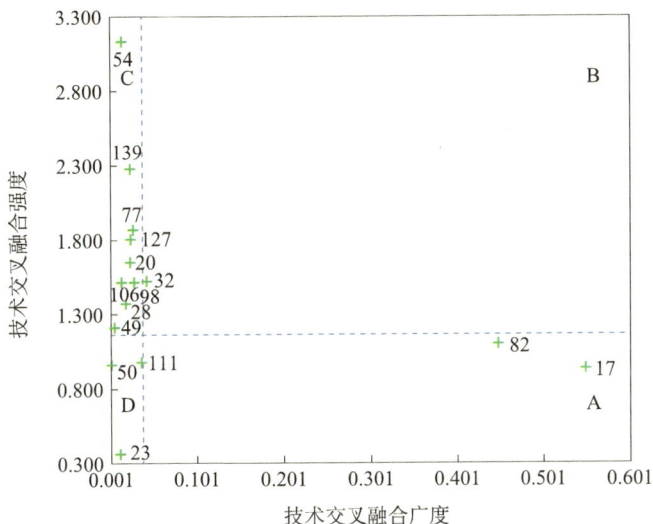

图 3-4 2002～2011 年活跃技术的技术交叉融合特征

可以看出，技术 82（车辆辅助及检测系统）和技术 17（车辆控制系统设计）位于 A 区，这两个交叉技术均属于新能源汽车产业，具有较高的技术交叉融合广度，而技术交叉融合强度相对较低，说明这两个交叉技术的技术分布较为广泛，专利数量相对较少。

技术 32（电子元器件、光源装置及光学系统）属于节能环保产业，位于 B 区，其技术交叉融合广度和技术交叉融合强度均相对较高，这是一个技术广泛交叉、专利数量较多的技术方向。

大部分活跃交叉技术位于 C 区。包括技术 28（流体系统及流体元件的改进）、技术 54（发光元件相关制造方法和工艺技术）、技术 139

（外科手术器械及手术方法）、技术 20（光学装置特种加工优化及应用）、技术 49（可应用于物联网的信息感知、信息传输及信息处理等技术）、技术 77（发电机及电动机的控制方法）、技术 98（设备信息采集、监控）、技术 106（存储单元、存储系统的相关设备和方法及性能提升方法、设备）以及技术 127（脊柱/骨关节植入物及手术相关组件、固定装置、操作方法）等 9 个交叉技术，这些交叉技术涵盖的技术虽然不十分广泛，但是专利申请量相对较大，因而技术交叉融合强度相对较大。

技术 50（计算机等终端的存储管理及数据的安全处理等方法）、技术 111（呼吸器件及设备的改进，包括面具、鼻管、气流控制、加湿设备等）以及技术 23（土木建筑砌块）这 3 个交叉技术位于 D 区，这些交叉技术的技术交叉融合广度和技术交叉融合强度相对较低。

表 3-4 显示了 15 个活跃技术的活跃度及其对应的产业和子产业。活跃度越小，说明该技术近期越活跃。从交叉技术涉及的产业看，生物产业、新一代信息技术产业中涉及的活跃技术比较多，这与生物产业和新一代信息技术产业的快速发展态势一致。此外，有 5 项活跃技术属于战略性新兴产业之外的其他传统产业。

表 3-4　2002～2011 年活跃技术及其对应的产业和子产业

技术 ID	技术内容	活跃度	所属产业	涉及子产业
17	车辆控制系统设计	4	新能源汽车产业	发电机及发电机组制造；新能源汽车电动机制造
20	光学装置特种加工优化及应用	4	其他传统产业	仪器仪表制造业-光学仪器及眼镜制造
23	土木建筑砌块	4	其他传统产业	土木工程建筑业-铁路、道路、隧道和桥梁工程建筑
28	流体系统及流体元件的改进	3.5	其他传统产业	通用设备制造业-泵、阀门、压缩机及类似机械制造

续表

技术ID	技术内容	活跃度	所属产业	涉及子产业
32	电子元器件、光源装置及光学系统	3.5	节能环保产业	高效照明产品及系统
49	可应用于物联网的信息感知、信息传输及信息处理等技术	4	新一代信息技术产业	网络设备；信息技术服务
50	计算机等终端的存储管理及数据的安全处理等方法	4	新一代信息技术产业	网络设备；信息技术服务
54	发光元件相关制造方法和工艺技术	3.5	节能环保产业；新一代信息技术产业；新材料产业	节能环保产业-高效照明产品及系统；新一代信息技术产业-新型显示器件；新材料产业-电子功能材料
77	发电机及电动机的控制方法	4	其他传统产业	电气机械和器材制造业-电机制造；输配电及控制设备制造
82	车辆辅助及检测系统	3	新能源汽车产业	新能源汽车零部件配件制造；新能源汽车电动机制造
98	设备信息采集、监控	4	其他传统产业	计算机、通信和其他电子设备制造业-通信设备制造
106	存储单元、存储系统的相关设备和方法及性能提升方法、设备	4	新一代信息技术产业	集成电路；新型元器件；电子专用设备仪器
111	呼吸器件及设备的改进（包括面具、鼻管、气流控制、加湿设备等）	3.5	生物产业	先进治疗设备
127	脊柱/骨关节植入物及手术相关组件、固定装置、操作方法	4	生物产业	植介入生物医用材料；先进治疗设备
139	外科手术器械及手术方法	3.5	生物产业	先进治疗设备

3.2.3 不活跃技术方向的技术交叉融合特征

图3-5展现了8个不活跃技术的技术交叉融合广度和技术交叉融

合强度分布，图中以 155 个交叉技术整体的平均技术交叉融合广度和平均技术交叉融合强度来划分为四个区域。

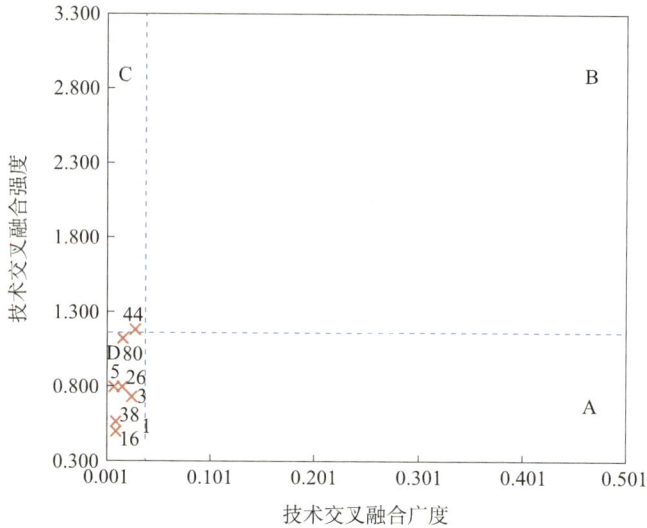

图 3-5　2002～2011 年不活跃技术的技术交叉融合特征

可以看出，除了技术 44（模具制造及模制系统）位于 C 区以外，其他 7 个不活跃技术均位于 D 区，包括技术 3（表面活性剂、洗涤剂技术及应用）、技术 5（纤维织物、皮革状物的制法）、技术 26（记录/再现信息的方法和设备、存储介质、相关方法和产品以及音频存储设备）、技术 38（发热元件及加热方法）、技术 80（生物技术药物、化学药物、医疗器械等相关的产品、方法）、技术 1（密封材料及密封方法）以及技术 16（计时装置）。这些交叉技术的技术交叉融合广度和技术交叉融合强度相对较低。其中，位于 C 区的技术 44（模具制造及模制系统）属于其他传统产业中的橡胶和塑料制品子产业，其技术交叉融合强度也与平均值较为接近。

表 3-5 显示了 8 个不活跃交叉技术的明细表。可以看到，除了技术 26（记录/再现信息的方法和设备、存储介质、相关方法和产品以

及音频存储设备）和技术 80（生物技术药物、化学药物、医疗器械等相关的产品、方法）属于战略性新兴产业之外，绝大多数不活跃技术属于其他传统产业，涉及橡胶和塑料、纺织业等。

表 3-5　2002～2011 年不活跃技术及其对应的产业和子产业

技术 ID	技术内容	活跃度	所属产业	涉及子产业
1	密封材料及密封方法	8.5	其他传统产业	橡胶和塑料制品业
3	表面活性剂、洗涤剂技术及应用	8	其他传统产业	化学原料和化学制品制造业
5	纤维织物、皮革状物的制法	8	其他传统产业	纺织业；皮革、毛皮、羽毛及其制品和制鞋业
16	计时装置	8.5	其他传统产业	
26	记录/再现信息的方法和设备、存储介质、相关方法和产品以及音频存储设备	8	新一代信息技术产业	集成电路；广播电视制播设备
38	发热元件及加热方法	8	其他传统产业	汽车制造业
44	模具制造及模制系统	8	其他传统产业	橡胶和塑料制品业
80	生物技术药物、化学药物、医疗器械等相关的产品、方法	8	生物产业	生物技术药物；化学药品与原料药制造；现代中药与民族药；生物医药服务

4

技术交叉融合趋势

4.1 战略性新兴产业技术交叉融合趋势

从技术交叉融合时序变化的角度分析战略性新兴产业的变化，对于把握战略性新兴产业的技术趋势特征具有实用意义。为此，分别计算相关产业在 2002 年、2005 年、2011 年的技术交叉融合广度和技术交叉融合强度，在时序图中揭示不同产业技术交叉融合的特征随时间的变化。

图 4-1 是上述 3 个年份各产业的技术交叉融合广度和强度分布，图中分别以各年份 8 个产业平均技术交叉融合广度和平均技术交叉融合强度划分为四个区域。表 4-1 分析了各产业技术交叉融合广度和强

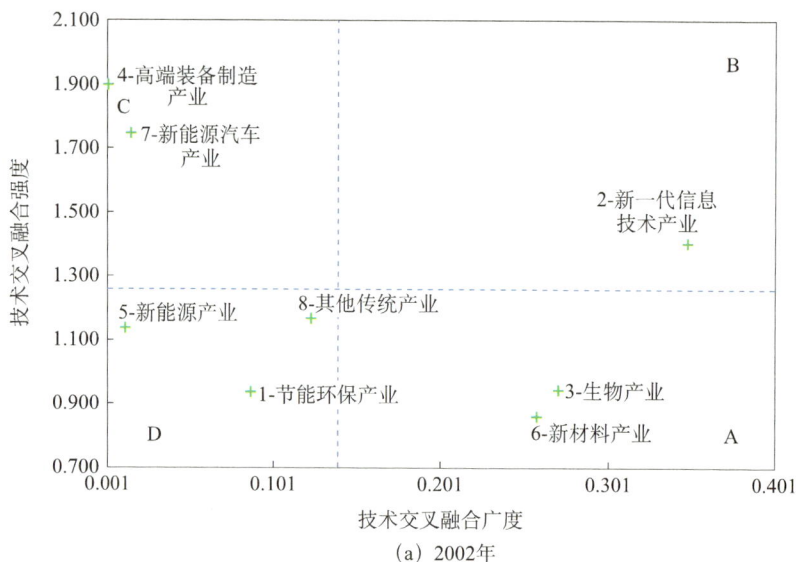

(a) 2002 年

图 4-1　2002 年、2005 年、2011 年产业技术交叉融合特征

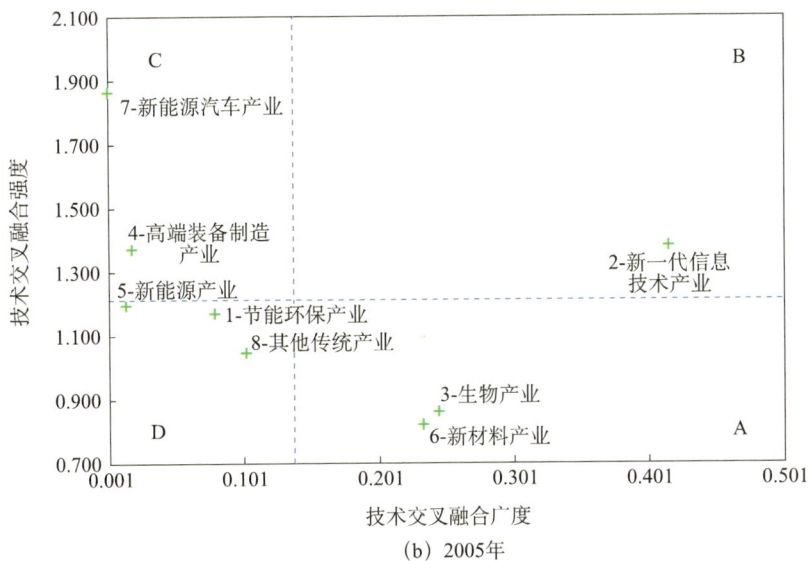

（b）2005年

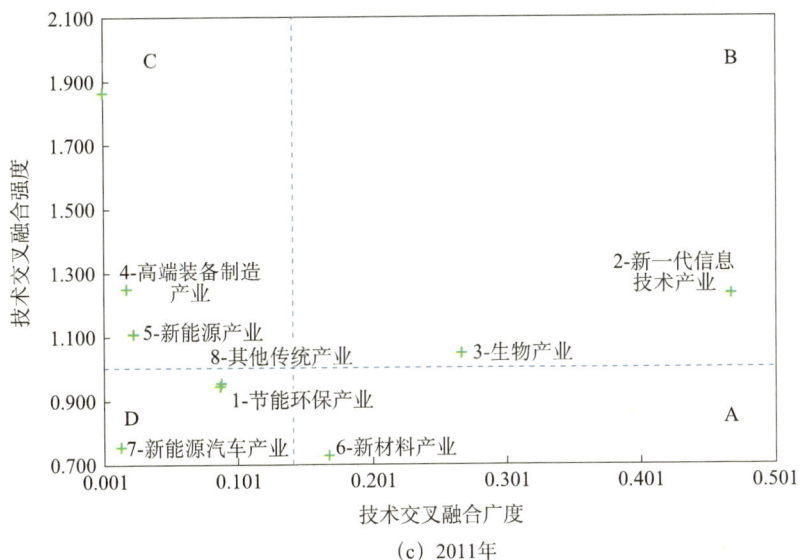

（c）2011年

图4-1　2002年、2005年、2011年产业技术交叉融合特征（续）

度的变化。可以看出，2002～2011年，生物产业、新能源产业和新能源汽车产业等战略性新兴产业技术交叉融合趋势随时间变化显著。

其中，生物产业从A区变化到B区，新能源产业从D区变化到C

区，上述产业的技术交叉融合强度增强，从低于 8 个产业的平均水平增强至高于平均水平；新能源汽车产业从 C 区变化到 D 区，技术交叉融合强度减弱，从高于 8 个产业的平均水平减弱至低于平均水平。

其他 5 个产业尽管没有出现跨区的变化，但在技术交叉融合广度和强度上也有变化：新一代信息技术产业和高端装备制造产业的技术交叉融合广度增强，强度减弱；新材料产业和其他传统产业在技术交叉融合广度和强度上同时减弱，节能环保产业在技术交叉融合广度和强度上同时增强。这些变化与相关产业内在的技术内容、产业发展环境等密切相关，值得关注。

表 4-1　战略性新兴产业的技术交叉融合趋势

产业 ID	所属产业	技术交叉融合广度变化	技术交叉融合强度变化	2002 年	2005 年	2011 年
1	节能环保产业	+	+	D	D	D
2	新一代信息技术产业	+	−	B	B	B
3	生物产业	−	+	A	A	B
4	高端装备制造产业	+	−	C	C	C
5	新能源产业	+	−	D	D	C
6	新材料产业	−	−	A	A	A
7	新能源汽车产业	+	−	C	C	D
8	其他传统产业	−	−	D	D	D

4.2　活跃技术的技术交叉融合趋势

分别计算活跃技术在 2002 年、2005 年、2011 年的技术交叉融合广度和技术交叉融合强度，以各年度全部 155 个交叉技术的平均技术交叉融合广度和平均技术交叉融合强度分别进行划分象限，得到图 4-2 和表 4-2。在时序对比中研究不同活跃技术交叉融合特征随时间的变化。

2002～2011 年，活跃技术的技术交叉融合广度整体增强，技术 23（土木建筑砌块）除外，说明活跃技术的发展吸纳了更多其他相关技术。其中，技术 20（光学装置特种加工优化及应用）、技术 127（脊柱/骨关节植入物及手术相关组件、固定装置、操作方法）从 C 区变化到 B 区；技术 28（流体系统及流体元件的改进）从 C 区变化到 A 区。上述 3 个活跃技术的技术交叉融合广度从低于全部技术的平均水平增强至高于平均水平。

技术交叉融合强度变化随所属产业的不同呈现不同态势。属于新能源汽车产业的技术 17（车辆控制系统设计）和技术 82（车辆辅助及检测系统）两个活跃技术的技术交叉融合强度均减弱。而属于其他产业的活跃技术均或有增减，如属于新一代信息技术产业的技术 50（计算机等终端的存储管理及数据的安全处理等方法）在技术交叉融合强度方面越来越强，而同属于新一代信息技术产业的技术 49（可应用于物联网的信息感知、信息传输及信息处理等技术）技术交叉融合强度减弱。

技术交叉融合强度增强，意味着该技术领域的重要四方专利数量增加。2005～2011 年，技术交叉融合强度增强显著的技术包括：技术 49（可应用于物联网的信息感知、信息传输及信息处理等技术）、技术 50（计算机等终端的存储管理及数据的安全处理等方法），均从 D 区变化到 C 区；技术 111〔呼吸器件及设备的改进（包括面具、鼻管、气流控制、加湿设备等）〕，从 A 区变化到 B 区。上述 3 个活跃技术的技术交叉融合强度从低于全部技术的平均水平增强至高于平均水平。

2005～2011 年，技术 106（存储单元、存储系统的相关设备和方法及性能提升方法、设备）从 C 区变化到 D 区，技术交叉融合强度明显减弱，从高于全部技术的平均水平减弱至低于平均水平。

需要指出的是，技术 32（电子元器件、光源装置及光学系统）在

2005 年以来的变化趋势与其他技术不同，从 C 区（较低的技术交叉融合广度、较高的技术交叉融合强度）变化为 A 区（较高的技术交叉融合广度、较低的技术交叉融合强度）。这一现象揭示了该技术异于其他活跃技术发展方式的变化，总体呈现出与相关技术广泛融合的趋势。

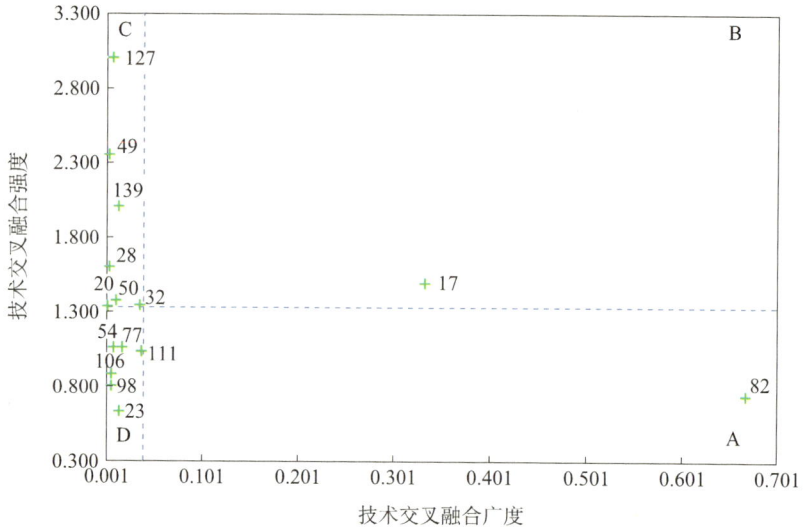

(a) 2002年

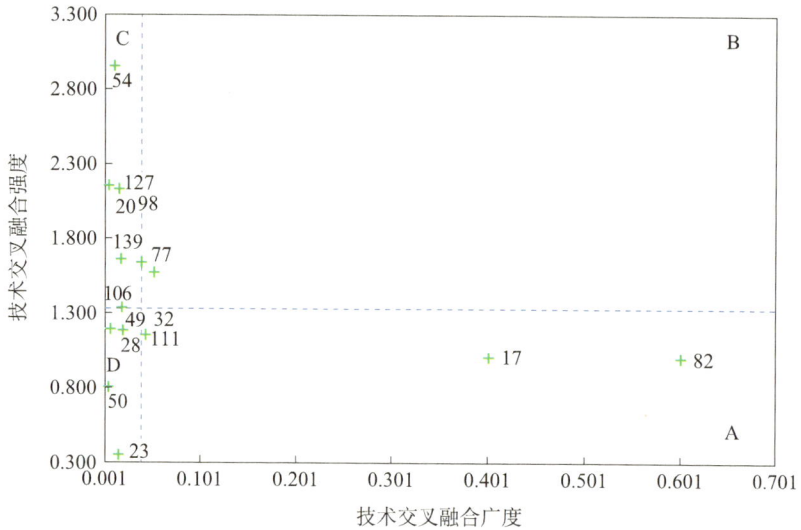

(b) 2005年

图 4-2　2002年、2005年、2011年活跃技术的技术交叉融合特征

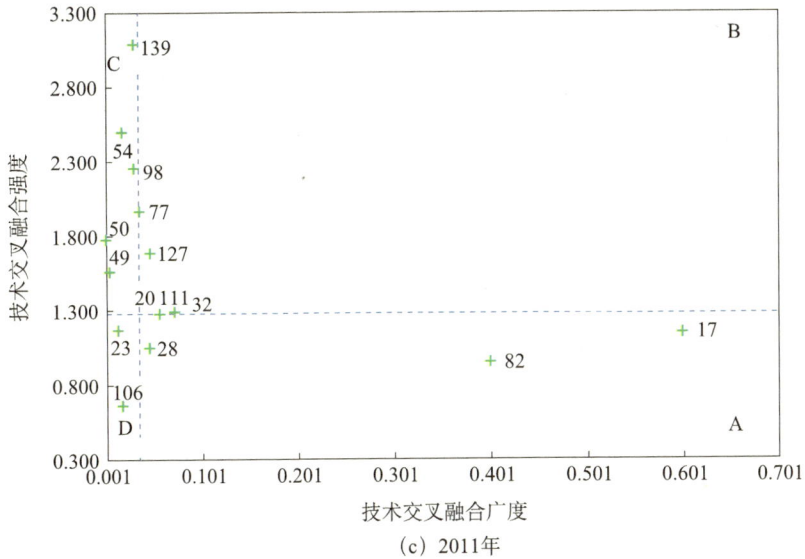

（c）2011年

图 4-2 2002年、2005年、2011年活跃技术的技术交叉融合特征（续）

表 4-2 2002～2011年活跃技术的技术交叉融合趋势变化

技术 ID	技术内容	所属产业	技术交叉融合广度变化	技术交叉融合强度变化	2002年	2005年	2011年
17	车辆控制系统设计	新能源汽车产业	+	−	B	A	A
20	光学装置特种加工优化及应用	其他传统产业	+	−	C	C	B
23	土木建筑砌块	其他传统产业	−	+	D	D	D
28	流体系统及流体元件的改进	其他传统产业	+	−	C	D	A
32	电子元器件、光源装置及光学系统	节能环保产业	+	−	C	A	B
49	可应用于物联网的信息感知、信息传输及信息处理等技术	新一代信息技术产业	+	−	C	D	C
50	计算机等终端的存储管理及数据的安全处理等方法	新一代信息技术产业	+	+	C	D	C
54	发光元件相关制造方法和工艺技术	节能环保产业；新一代信息技术产业；新材料产业	+	+	C	C	C

续表

技术 ID	技术内容	所属产业	技术交叉融合广度变化	技术交叉融合强度变化	2002年	2005年	2011年
77	发电机及电动机的控制方法	其他传统产业	+	+	D	B	B
82	车辆辅助及检测系统	新能源汽车产业	+	−	A	A	A
98	设备信息采集、监控	其他传统产业	+	+	D	C	C
106	存储单元、存储系统的相关设备和方法及性能提升方法、设备	新一代信息技术产业	+	−	D	C	D
111	呼吸器件及设备的改进（包括面具、鼻管、气流控制、加湿设备等）	生物产业	+	+	D	A	B
127	脊柱/骨关节植入物及手术相关组件、固定装置、操作方法	生物产业	+	−	C	C	B
139	外科手术器械及手术方法	生物产业	+	+	C	C	C

4.3 技术交叉与活跃趋势

定义各交叉技术最新专利授权年和授权量最多年份的平均值为该技术的平均活跃年份。计算 155 个交叉技术中的活跃技术和不活跃技术的平均活跃年份，在时间轴定位，并展现不同技术的技术交叉融合广度，得到图 4-3。

从图中可见，不活跃技术的平均活跃年份主要集中在 2001～2003 年，活跃技术的平均活跃年份则集中在 2005～2008 年。

从技术交叉融合广度看，活跃技术的技术交叉融合广度相对更大，特别是技术 82（车辆辅助及检测系统）和技术 17（车辆控制系

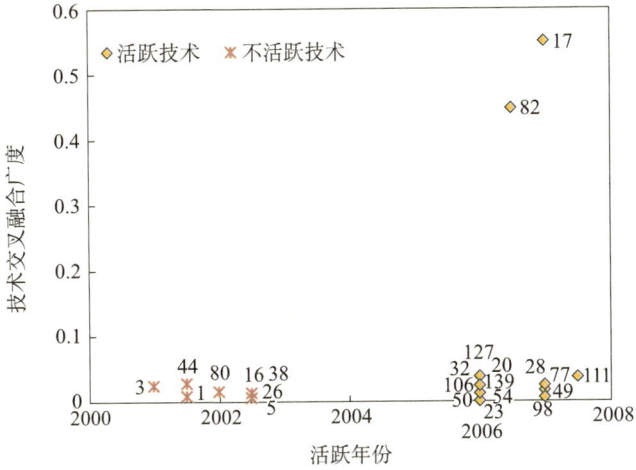

图 4-3 技术交叉融合与活跃趋势

统设计）的技术交叉融合广度值超过 0.4。

　　因此，整体而言，活跃技术相对不活跃技术更新、技术更具多样性。

5

国家产业技术布局

本章针对 155 个交叉技术的来源国间的关联，揭示这些高质量专利技术的交叉融合国家特征，具体包括：识别目标国家活跃产业及分布状况；通过技术交叉融合广度指标及活跃时间来看各国活跃技术与不活跃技术的发展趋势；通过各国在各交叉技术中所占份额来识别各国优势产业，并用技术吸收时间指标来衡量各国技术改进速度。在此分别选取中国、美国、英国、日本、法国和德国 6 个国家进行分析。

对 2002～2011 年的 27 999 件重要四方专利进行分类号共现聚类，在一定共现强度阈值之上，共涵盖 18 600 件专利。其中，中国、美国、英国、日本、法国和德国 6 个目标国家共提交了 15 220 件专利，约占全部 18 600 件专利的 82%，覆盖全部 155 个交叉技术。

各个国家涉及专利情况见表 5-1。整体来看，美国（10 805 件，约占 58%）拥有的重要专利数量远远超过其他国家，其次是日本（3045 件，约占 16%）。从各国专利涉及的交叉技术来看，美国最广，涉及 154 个交叉技术，其次是日本（140 个）和德国（121 个）。中国拥有的专利数量为 28 件，分布在 6 个产业的 24 个交叉技术中。从各国交叉技术涉及产业来看，除中国在战略性新兴产业 4（高端装备制造产业）和战略性新兴产业 7（新能源汽车产业）没有相关专利布局外，其他各国在 8 个产业均有专利分布。

表 5-1　重要技术来源国家专利概况

来源国家	专利数量/件	占全部专利的比例/%	交叉技术数量/个	涉及产业数量/个
中国	28	0.15	24	6
美国	10 805	58.09	154	8
英国	285	1.53	94	8
日本	3045	16.37	140	8
法国	413	2.22	88	8
德国	644	3.46	121	8
六国总计	15 220	81.82	155	8

需要指出的是，由于少量专利技术活跃度计算所需要的专利授权时间数据缺失，所以 5.2 节的各国技术活跃度分布地图涵盖交叉技术范围与 5.3 节的各国技术份额地图有所不同。

5.1　国家活跃产业识别

计算目标国家拥有的专利在 155 个交叉技术中的技术活跃度，绘制各国技术活跃度地图（图 5-1），图中用不同色块标注各国交叉技术的活跃度具体分布区间。

从图 5-1 可以直观了解不同国家的活跃技术分布全貌。整体而言，中国与美国在活跃技术分布上形成鲜明对比：中国在 155 个交叉技术中的重要专利布局整体稀疏，相对而言，美国几乎涵盖了所有 155 个交叉技术。日本、德国、法国、英国的活跃技术布局范围介于中国和美国之间。

根据各国专利数量、涉及的交叉技术数量情况，以及活跃技术在产业的分布等，总结了各国活跃技术分布及在我国战略性新兴产业的布局情况（表 5-2）。

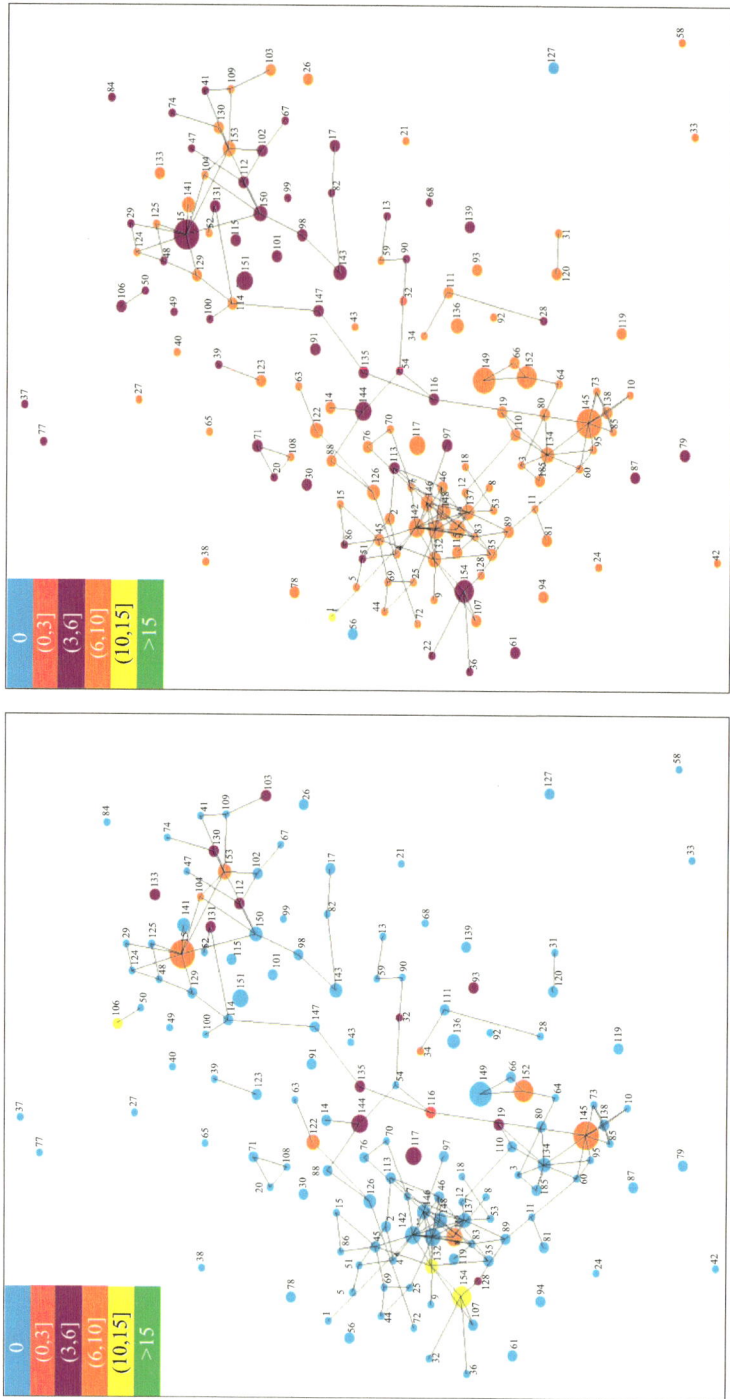

图5-1　2002～2011年国家产业活跃度分布图

（a）中国　　　　　　　　（b）美国

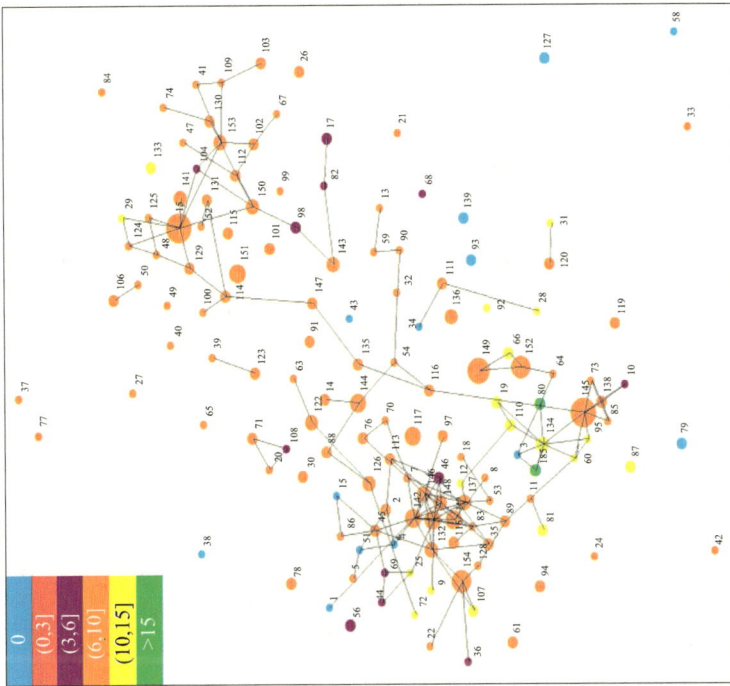

(d) 日本

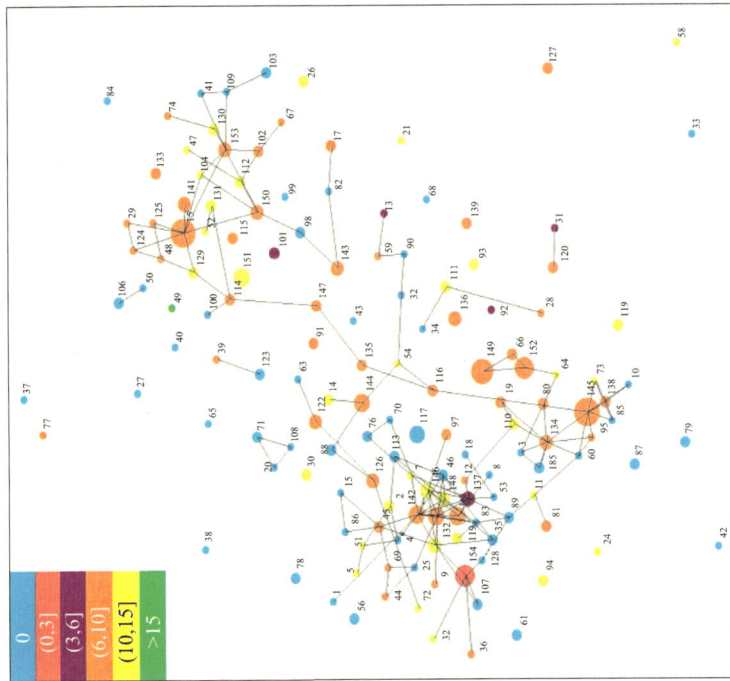

(c) 英国

图5-1　2002~2011年国家产业活跃度分布图（续）

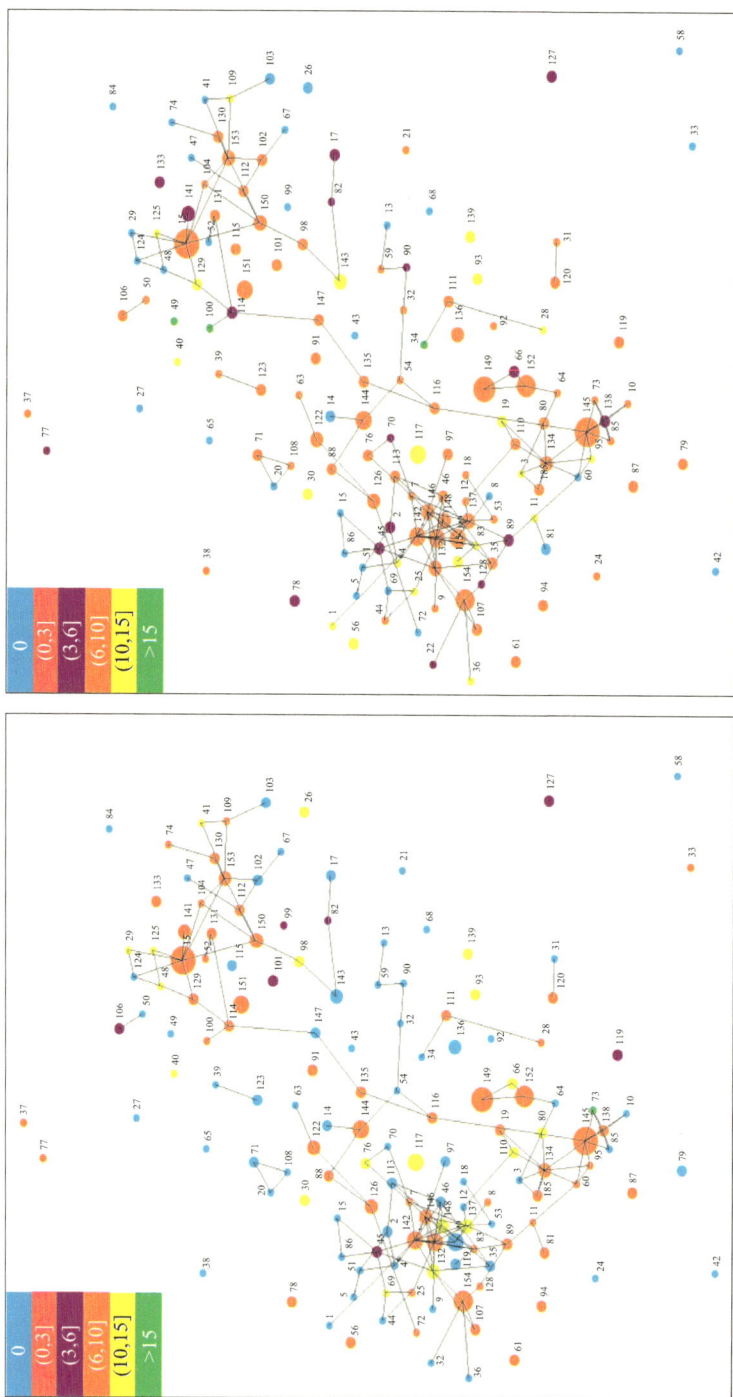

(e) 法国　　　　(f) 德国

图5-1　2002～2011年国家产业活跃度分布图(续)

表 5-2 中列出了各国活跃交叉技术的分布情况，表中用方框标注了各国活跃技术在 8 个产业中的分布情况。

表 5-2　各国活跃技术分布及在我国战略性新兴产业的布局情况

国家	交叉技术数量/个	活跃技术标准	活跃技术数量/个	活跃技术涉及产业							
				1	2	3	4	5	6	7	8
中国	24	≤6	13	☐	☐	☐		☐	☐		
美国	154	≤5	21	☐	☐	☐	☐	☐	☐	☐	☐
英国	94	≤6.5	7	☐	☐	☐			☐		☐
日本	140	≤6.5	20	☐	☐	☐	☐		☐	☐	☐
法国	88	≤6	7	☐	☐	☐				☐	☐
德国	121	≤6	18	☐	☐	☐			☐	☐	☐

可以看出，6 个目标国家的活跃技术均涉及 4 个以上的产业，其中，各个国家在产业 2（新一代信息技术产业）、产业 3（生物产业）中均有活跃技术，说明这两个产业是各国重点关注的产业，竞争相对激烈。

需要注意的是，仅美国和日本活跃技术在产业 4（高端装备制造产业）分布。仅中国和美国在产业 5（新能源产业）中有分布，一定程度上说明相关产业为相应国家特色产业。

中国在产业 4（高端装备制造产业）及产业 7（新能源汽车产业）这两个战略性新兴产业中尚无活跃技术分布。

各国活跃技术分布的重点产业一定程度上代表了本国内具有一定优势的产业。整体来看，产业 2（新一代信息技术产业）的竞争相对激烈，中国、美国、日本和德国的活跃技术分布重点均为此产业；英国在产业 3（生物产业）具有一定优势，分布的活跃技术数量最多；日本和法国在产业 8（其他传统产业）的活跃技术数量最多。美国的 21 个活跃技术在 8 个产业中均有涉及，产业布局比较全面。

基于交叉技术的解读和技术与产业的对应关系，列出目标国家的交叉技术及其对应的产业分布，得到表 5-3。鉴于不同国家产业发展基础不同，为了尽可能揭示各国的活跃技术，表 5-3 依据不同国家具体情况，设置不同的活跃度阈值遴选活跃技术，例如，美国活跃度值小于等于 5，中国、法国、德国活跃度值小于等于 6，日本、英国活跃度值小于等于 6.5。各国活跃度值最低（即近期活跃）的技术为最活跃技术。

表 5-3　2002～2011 年目标国家活跃技术及对应的产业明细表
（绿色为各国最活跃技术）

国家	技术 ID	技术内容	活跃度	所属产业	涉及子产业
中国	19	与伤口、皮肤相关的医疗设备、器械、医用制品、方法等	6	生物产业	先进治疗设备；生物医药服务；生物技术药物；医用检查检验仪器
	32	电子元器件、光源装置及光学系统	4	节能环保产业	高效照明产品及系统
	93	医疗器械、医用治疗检查设备、植入性医用材料相关的元件、装置、设备及其使用方法；生物技术药物制备方法、相关产品及其应用	6	生物产业	生物技术药物；生物医药服务；医学影像设备；先进治疗设备；医用检查检验仪器；植介入生物医用材料
	103	无线通信、光通信信道、传输相关的装置、方法、系统，以及其性能改善相关的装置、方法、系统	5	新一代信息技术产业	集成电路；新一代信息终端设备；电子专用设备仪器
	112	无线通信终端设备（如手机等）及相关元件（如天线、音频播放等）、配件（如耳机、键盘等）及其制造；助听设备	6	新一代信息技术产业	信息网络设施；新一代信息终端设备；电子专用设备仪器

续表

国家	技术 ID	技术内容	活跃度	所属产业	涉及子产业
中国	116	发光元件相关材料、制造方法和工艺技术	3	节能环保产业；新一代信息技术产业；新材料产业	高效照明产品及系统；新型显示器件；电子功能材料；关键电子材料
	117	电池制造	4	节能环保产业	高效储能、节能监测和能源计量
	128	碳、石墨、碳纳米管及其复合材料的制备及应用	6	新材料产业	新型能源材料；新型催化材料及助剂；高品质合成橡胶；高性能纤维及复合材料
	130	多信道通信的数据编码、处理、信号保护、方法及设备技术	6	新一代信息技术产业	网络设备；信息网络设施
	131	图像、视频编码、压缩、纠错、存储、传送的方法及设备技术	6	新一代信息技术产业	信息网络设施；数字视听与数字家庭产品
	133	音频信号的编码、解码、识别、合成、传送、检索、定位、播放和扩展的方法及设备	6	新一代信息技术产业	信息网络设施；数字视听与数字家庭产品
	135	半导体显示器件、太阳能电池等的相关材料、制造方法和工艺技术	4	新一代信息技术产业；新能源产业	器件；新型元器件；太阳能产品
	144	半导体领域相关制造方法、工艺技术、材料和装置	4	新一代信息技术产业	集成电路；新型元器件；关键电子材料
	4	金属合金材料的制备方法	4	新材料产业	新型金属功能材料
	17	车辆控制系统设计	5	新能源汽车产业	发电机及发电机组制造；新能源汽车电动机制造
美国	32	电子元器件、光源装置及光学系统	3	节能环保产业	高效照明产品及系统
	36	排气净化装置和方法及微粒物质传感器的测量	4	节能环保产业	控制温室气体排放技术、新材料与药剂
	37	涡轮材料、叶片形状及结构设计方法	4	其他传统产业	铁路、船舶、航空航天和其他运输设备制造业

续表

国家	技术 ID	技术内容	活跃度	所属产业	涉及子产业
美国	54	发光元件相关制造方法和工艺技术	5	节能环保产业；新一代信息技术产业；新材料产业	节能环保产业-高效照明产品及系统；新一代信息技术产业-新型显示器件；新材料产业-电子功能材料
	71	投影光学系统、光刻投影系统	5	新一代信息技术产业	集成电路；新型元器件
	77	发电机及电动机的控制方法	5	其他传统产业	电气机械和器材制造业-电机制造；输配电及控制设备制造
	79	喷涂设备的制造	5	其他传统产业	通用设备制造业
	90	光学、显示、照明装置	5	新一代信息技术产业	新型显示器件
	98	设备信息采集、监控	4	其他传统产业	计算机、通信和其他电子设备制造业-通信设备制造
	99	图像处理、识别、制作等系统、程序、方法等；图像、视频记录、存储、处理设备（如照相机、摄像机等）	5	新一代信息技术产业	集成电路；新型显示器件；数字视听与数字家庭产品；广播电视制播设备；电子专用设备仪器；软件及应用系统
	100	信息识别、处理的方法及装置，此处信息包含指纹、面部等实时捕捉信息以及其他图像、多媒体视频、文档、数据等	5	新一代信息技术产业；生物产业	新一代信息终端设备；下一代信息网络安全防护产品；电子专用设备仪器；医学影像设备
	102	对通信系统、设备、终端及其元器件性能的改进、提升（如减小损耗、提升可靠性、容积优化等），尤其是天线装置、滤波装置等设备的改进；通信系统、方法的改进；信号处理系统、方法的改进	5	新一代信息技术产业；高端装备制造产业	网络设备；信息网络设施；新一代信息终端设备；集成电路；电子专用设备仪器；信息技术服务；卫星通信应用系统；卫星导航应用服务系统
	106	存储单元、存储系统的相关设备和方法及性能提升方法、设备	4.5	新一代信息技术产业	集成电路；新型元器件；电子专用设备仪器

续表

国家	技术ID	技术内容	活跃度	所属产业	涉及子产业
美国	112	无线通信终端设备（如手机等）及相关元件（如天线、音频播放等）、配件（如耳机、键盘等）及其制造；助听设备	5	新一代信息技术产业	信息网络设施；新一代信息终端设备；电子专用设备仪器
	135	半导体显示器件、太阳能电池等的相关材料、制造方法和工艺技术	5	新一代信息技术产业；新能源产业	器件；新型元器件；太阳能产品
	139	外科手术器械及手术方法	4	生物产业	先进治疗设备
	143	成像和定位诊断技术及设备（内窥镜、MRI等）	5	生物产业	医学影像设备
	151	终端输入方式及其方法、系统、设备	5	新一代信息技术产业	新一代信息终端设备
	155	网络的数据存储、信息传播、地址分配、消息通信、信息共享的方法和设备技术	5	新一代信息技术产业	网络设备；信息网络设施；网络与信息安全服务
日本	10	关于化合物及其衍生物或组合物的结构、作用机制、剂型、给药途径、治疗效果、用途等方面的改进	6	生物产业	化学药品与原料药制造；生物技术药物
	17	车辆控制系统设计	5	新能源汽车产业	发电机及发电机组制造；新能源汽车电动机制造
	21	激光的产生、调谐和控制技术与装置	6.5	新一代信息技术产业	新型元器件；新型显示器件
	36	排气净化装置和方法及微粒物质传感器的测量	5.5	节能环保产业	控制温室气体排放技术、新材料与药剂
	44	模具制造及模制系统	6	其他传统产业	橡胶和塑料制品业
	46	特定功能合成树脂材料	5	新材料产业	工程塑料及合成树脂；高品质新型有机活性材料
	56	废水处理等技术	5	节能环保产业	环保服务

国家	技术 ID	技术内容	活跃度	所属产业	涉及子产业
	68	电子显示设备及照明系统	6	其他传统产业	电气机械和器材制造业；计算机、通信和其他电子设备制造业
	69	塑料成型和提高印刷分辨率	6	其他传统产业	橡胶和塑料制品业
	82	车辆辅助及检测系统	6	新能源汽车产业	新能源汽车零部件配件制造；新能源汽车电动机制造
	84	自行车伺服驱动	6.5	其他传统产业	铁路、船舶、航空航天和其他运输设备制造业
	89	由无机、有机或高分子材料构成的组合物的合成与应用	6.5	新材料产业	表面功能材料；高品质合成橡胶
	97	墨水组件、墨盒、喷墨记录装置及喷墨记录、成像方法	6.5	高端装备制造产业	重大智能制造成套装备
日本	98	设备信息采集、监控	6	其他传统产业	计算机、通信和其他电子设备制造业-通信设备制造
	100	信息识别、处理的方法及装置，此处信息包含指纹、面部等实时捕捉信息以及其他图像、多媒体视频、文档、数据等	6.5	新一代信息技术产业；生物产业	新一代信息终端设备；下一代信息网络安全防护产品；电子专用设备仪器；医学影像设备
	104	通信网络相关业务的方法、系统、设备；通信网络控制、监测、网络接口、网间链接等方法、系统、设备、服务等（如网关、协议等）；电子信息服务方法、系统、设备	6	新一代信息技术产业	网络设备；信息网络设施；新一代信息终端设备；信息技术服务；电子商务服务；网络与信息安全服务
	108	光刻技术与装置	6	新一代信息技术产业	集成电路；新型元器件
	129	工作流的控制、分配、触发的方法	6.5	新一代信息技术产业	信息网络设施；集成电路

续表

国家	技术 ID	技术内容	活跃度	所属产业	涉及子产业
日本	140	特定功能合成树脂、合成纤维材料以及与之相关的新型催化剂体系	6.5	新材料产业	新型催化材料及助剂；工程塑料及合成树脂；高性能纤维及复合材料
	143	成像和定位诊断技术及设备（内窥镜、MRI等）	6.5	生物产业	医学影像设备
	13	光纤光栅器件及其制造方法	4	新一代信息技术产业	网络设备
	31	医学检查与治疗设备、装置、器械、元件、方法	5	生物产业	医用检查检验仪器；先进治疗设备；生物医药服务
	92	基于电化学原理的测量技术，更偏重于电化学生物传感器	6	生物产业	医用检查检验仪器
英国	101	电子设备及电路系统	5	其他传统产业	电气机械和器材制造业
	137	各种涂料、涂层的合成与应用；多种树脂的合成方法	6	新材料产业	表面功能材料；工程塑料及合成树脂；金属基复合材料和陶瓷基复合材料
	145	生物化学药物衍生物、前体、组合药物及其应用	6.5	生物产业	生物技术药物；化学药品与原料药制造
	154	空气过滤材料及其制法、过滤组件和过滤装置等	2	节能环保产业；新材料产业	环保产品；新型催化材料及助剂
	45	复合材料的制造及使用	4	其他传统产业	
法国	82	车辆辅助及检测系统	6	新能源汽车产业	新能源汽车零部件配件制造；新能源汽车电动机制造
	99	图像处理、识别、制作等系统、程序、方法等；图像、视频记录、存储、处理设备（如照相机、摄像机等）	6	新一代信息技术产业	集成电路；新型显示器件；数字视听与数字家庭产品；广播电视制播设备；电子专用设备仪器；软件及应用系统
	101	电子设备及电路系统	6	其他传统产业	电气机械和器材制造业

续表

国家	技术 ID	技术内容	活跃度	所属产业	涉及子产业
法国	106	存储单元、存储系统的相关设备和方法及性能提升方法、设备	5	新一代信息技术产业	集成电路；新型元器件；电子专用设备仪器
	119	食品、饮料加工制造及专用设备制造	5	其他传统产业	酒、饮料和精制茶制造业；食品制造业；专用设备制造业
	127	脊柱/骨关节植入物及手术相关组件、固定装置、操作方法	6	生物产业	植介入生物医用材料；先进治疗设备
	2	造纸工艺、产品及其应用	6	其他传统产业	造纸和纸制品业
德国	17	车辆控制系统设计	5	新能源汽车产业	发电机及发电机组制造；新能源汽车电动机制造
	22	节能的技术和方法	6	节能环保产业	其他节能技术
	45	复合材料的制造及使用	6	其他传统产业	
	55	动力工具制造	6	其他传统产业	金属制品业
	66	疫苗、生物技术药物、化学药品、中药、生物农药、兽药疫苗、生物化工产品、医疗器械、医学影像设备相关的产品、试剂盒、制作方法、治疗方法、应用；与医疗器械、医学影像设备相关的元件、设备、方法	6	生物产业	新型疫苗；生物技术药物；化学药品与原料药制造；现代中药与民族药；生物医药服务；医学影像设备；生物农药；生物化工产品
	70	金属材料及其复合材料的制备方法	6	新材料产业	新型金属功能材料
	77	发电机及电动机的控制方法	5.5	其他传统产业	电气机械和器材制造业-电机制造；输配电及控制设备制造
	78	半导体材料自备技术及装备	6	新材料产业；新一代信息技术产业	电子功能材料；关键电子材料
	82	车辆辅助及检测系统	6	新能源汽车产业	新能源汽车零部件配件制造；新能源汽车电动机制造

国家	技术 ID	技术内容	活跃度	所属产业	涉及子产业
德国	89	由无机、有机或高分子材料构成的组合物的合成与应用	6	新材料产业	表面功能材料；高品质合成橡胶
	90	光学、显示、照明装置	6	新一代信息技术产业	新型显示器件
	114	数字图像的处理、显示的方法及设备	6	新一代信息技术产业	数字视听与数字家庭产品；广播电视制播设备
	127	脊柱/骨关节植入物及手术相关组件、固定装置、操作方法	6	生物产业	植介入生物医用材料；先进治疗设备
	128	碳、石墨、碳纳米管及其复合材料的制备及应用	6	新材料产业	新型能源材料；新型催化材料及助剂；高品质合成橡胶；高性能纤维及复合材料
	133	音频信号的编码、解码、识别、合成、传送、检索、定位、播放和扩展的方法及设备	6	新一代信息技术产业	信息网络设施；数字视听与数字家庭产品
	138	生物化学药物衍生物、组合物的制备和应用（主要为蛋白酶/细胞因子抑制剂）	6	生物产业	生物技术药物；化学药品与原料药制造
	141	媒体流的传送、接收、选择、控制和保护、存储、偏好分析的方法设备技术	6	新一代信息技术产业	新一代信息终端设备；数字视听与数字家庭产品

1）各国交叉技术活跃度分布

表5-4呈现了各活跃度区间各国交叉技术数量分布情况，表中用橙色标注了各国交叉技术数量最多的区间，用紫色标注数量次多的区间。

整体来看，中国和美国的交叉技术活跃程度较高（尽管中国和美国的活跃技术分布形成鲜明对比），主要分布在（3，10]；英国、日本、法国和德国交叉技术的活跃度主要分布在（6，15]。

表5-4　各国交叉技术活跃度分布情况

活跃度分级	中国	美国	英国	日本	法国	德国
(0，3]，红色	1	1	1			
(3，6]，紫色	12	55	5	12	7	18
(6，10]，橙色	8	95	52	105	61	77
(10，15]，黄色	3	1	35	21	19	21
>15，绿色			1	2	1	3

注：表中数字代表交叉技术数量

2）各国聚焦的活跃技术

如果一项交叉技术活跃度小于等于6，同时有3个或3个以上的目标国家关注，则将此类技术标识为多国聚焦的活跃技术（表5-5）。表中用※标注了这些活跃技术在不同国家的布局情况。多国聚焦的活跃技术表明该技术受到的关注较多，竞争较为激烈。

多国聚焦活跃技术共有3个（其中两个与新能源汽车产业相关）。分别为技术82（车辆辅助及检测系统，该技术应用于新能源汽车产业中的新能源汽车零部件配件制造和新能源汽车电动机制造子产业）、技术17（车辆控制系统设计，该技术应用于新能源汽车产业中的发电机及发电机组制造、新能源汽车电动机制造子产业）和技术101（电子设备及电路系统，该技术应用于其他传统产业中的电气机械和器材制造业子产业）。

美国在这3个聚焦活跃技术均有专利布局，日本和德国布局了其中两个技术，英国和法国各在一个聚焦活跃技术有布局。在上述竞争激烈的多国聚焦活跃技术中，中国没有布局。

表5-5　多国聚焦活跃技术

活跃交叉技术	中国	美国	英国	日本	法国	德国
82		※		※	※	※
17		※		※		※
101		※	※		※	

3）各国最活跃的技术

各国活跃度最小的技术为最活跃技术，一定程度上代表该国的技术关注重点。除法国外的其他目标国家的最活跃技术均为战略性新兴产业，并且最为集中在节能环保产业和新材料产业中（表5-6）。

表5-6　各国最活跃技术概况

国家	最活跃技术	所属产业	活跃度
英国	154-空气过滤材料及其制法、过滤组件和过滤装置等	节能环保产业 新材料产业	2
中国	116-发光元件相关材料、制造方法和工艺技术	节能环保产业 新一代信息技术产业 新材料产业	3
美国	32-电子元器件、光源装置及光学系统	节能环保产业	3
法国	45-复合材料的制造及使用	其他传统产业	4
日本	17-车辆控制系统设计	新能源汽车产业	5
	46-特定功能合成树脂材料	新材料产业	
	56-废水处理等技术	节能环保产业	
德国	17-车辆控制系统设计	新能源汽车产业	5

分析表明：中国最活跃的交叉技术为技术116（发光元件相关材料、制造方法和工艺技术），活跃度值为3。该技术在节能环保产业、新一代信息技术产业和新材料产业均有应用。

美国最活跃的交叉技术为技术32（电子元器件、光源装置及光学系统），活跃度值为3。该技术主要用于节能环保产业。

日本最活跃的交叉技术有3个，分别为技术17（车辆控制系统设计，主要用于新能源汽车产业）、技术46（特定功能合成树脂材料，主要用于新材料产业中的工程塑料及合成树脂以及高品质新型有机活性材料子产业中）、技术56（废水处理等技术，主要用于节能环保产业）。活跃度值均为5。

英国最活跃的交叉技术为技术154（空气过滤材料及其制法、过滤组件和过滤装置），活跃度为 2，主要用于节能环保产业和新材料产业。

法国最活跃的交叉技术为技术 45（复合材料的制造及使用），活跃度为 4，主要用于其他传统产业。

德国最活跃的交叉技术为技术 17（车辆控制系统设计），活跃度为 5，主要用于新能源汽车产业中的发电机及发电机组制造等子产业。

不同国家的活跃技术反映了该国的产业发展重点以及国际相关行业最新发展。例如，车辆控制系统设计是日本和德国共同的活跃技术，说明该技术在两国之间形成强烈竞争。

5.2　国家产业技术发展趋势

将各国活跃技术和不活跃技术的平均活跃年份在时间轴上定位，并计算交叉技术的技术交叉融合广度，得到图 5-2。以反映各国技术交叉融合与活跃趋势。

1）中国

中国技术交叉融合与活跃趋势如图 5-2 所示。从活跃程度来看，不活跃技术的活跃时间均在 2003 年及之前，而活跃技术的活跃时间均在 2005 年及之后。

从技术交叉融合态势来看，中国活跃技术与不活跃技术的技术交叉融合广度没有显著差别，这与从全局 155 个交叉技术中筛选出的活跃技术与不活跃技术的技术交叉融合广度有显著区别的现象（图 4-3）不一致。

活跃技术点的技术交叉融合广度主要集中于 0.05 以下，涵盖的技术范围不广；不活跃技术的技术交叉融合广度总体大于活跃技术。整体来看，节能环保产业的技术 117（电池制造）是中国近年关注且技术交叉融合广度较高的技术方向，其活跃年份为 2007 年，技术交叉融合广度大于 0.2。

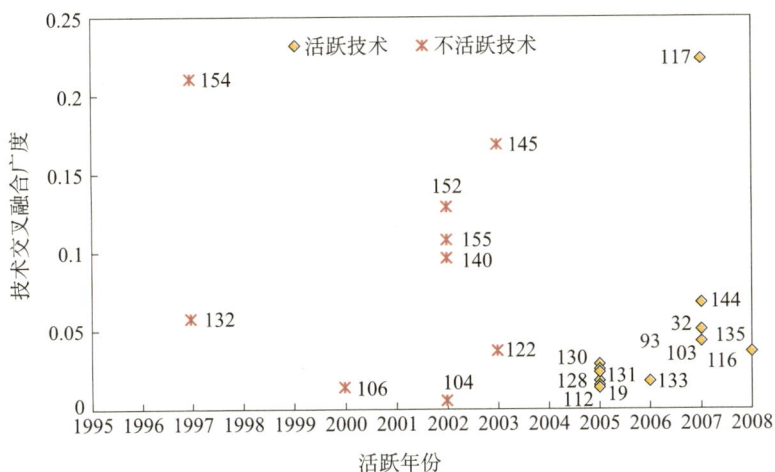

图 5-2 中国技术交叉融合与活跃趋势

2）美国

美国技术交叉融合与活跃趋势如图 5-3 所示。从活跃程度来看，不活跃技术的活跃时间均在 2002 年及之前，而活跃技术的活跃时间均在 2006 年及之后；从技术交叉融合态势来看，美国活跃技术的技术交叉融合程度较高，其技术交叉融合广度总体大于不活跃技术。

整体来看，新能源汽车产业的技术 17（车辆控制系统设计）是美国近年关注且技术交叉融合广度较高的技术方向，其活跃年份为 2006 年，技术交叉融合广度为 0.55。

3）日本

日本技术交叉融合与活跃趋势如图 5-4 所示。从活跃程度来看，不活跃技术的活跃时间均在 2000 年及之前，而活跃技术的活跃时间均在 2004 年及之后；从技术交叉融合态势来看，日本活跃技术的技术交叉融合程度较高，其技术交叉融合广度总体大于不活跃技术。

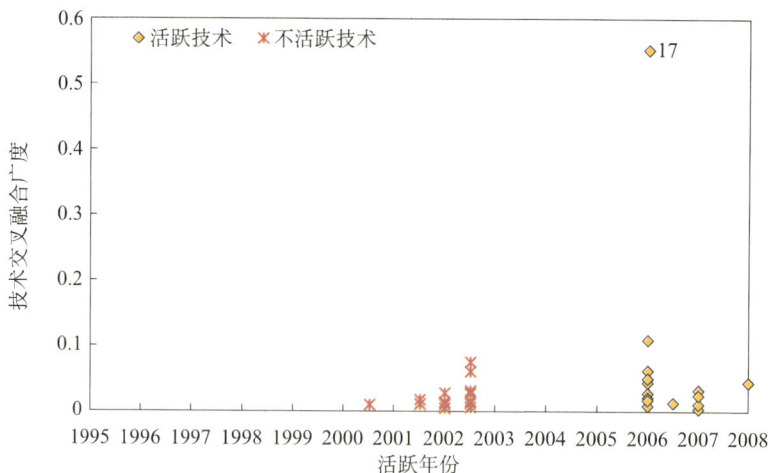

图 5-3　美国技术交叉融合与活跃趋势

整体来看，新能源汽车产业的技术 17（车辆控制系统设计）是日本近年关注且技术交叉融合广度较高的技术方向，其活跃年份为 2006 年，技术交叉融合广度为 0.55；其次是新能源汽车产业的技术 82（车辆辅助及检测系统）和高端装备制造产业的技术 97（墨水组件、墨盒、喷墨记录装置及喷墨记录、成像方法）。

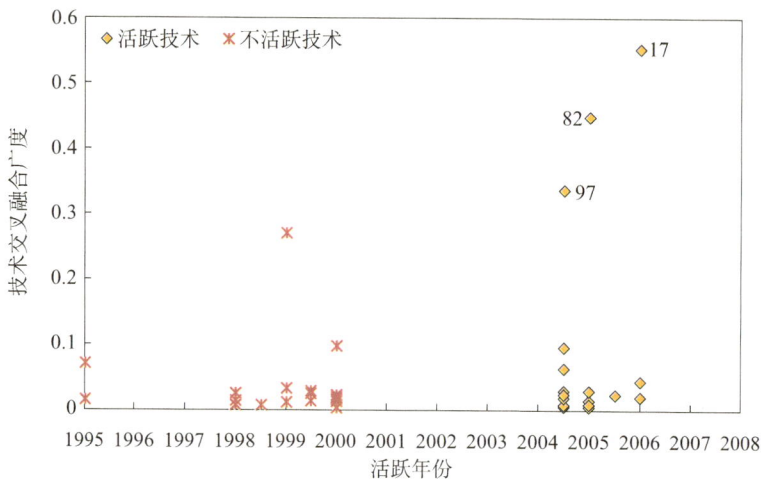

图 5-4　日本技术交叉融合与活跃趋势

4）英国

英国技术交叉融合与活跃趋势如图 5-5 所示。从活跃程度来看，不活跃技术的活跃时间均在 1998 年及之前，而活跃技术的活跃时间均在 2004 年及之后；从技术交叉融合态势来看，英国活跃技术的技术交叉融合程度较高，其技术交叉融合广度总体大于不活跃技术。

整体来看，生物产业的技术 145（生物化学药物衍生物、前体、组合药物及其应用）是英国近年关注且技术交叉融合广度较高的技术方向，其活跃年份为 2004 年，技术交叉融合广度大于 0.15。

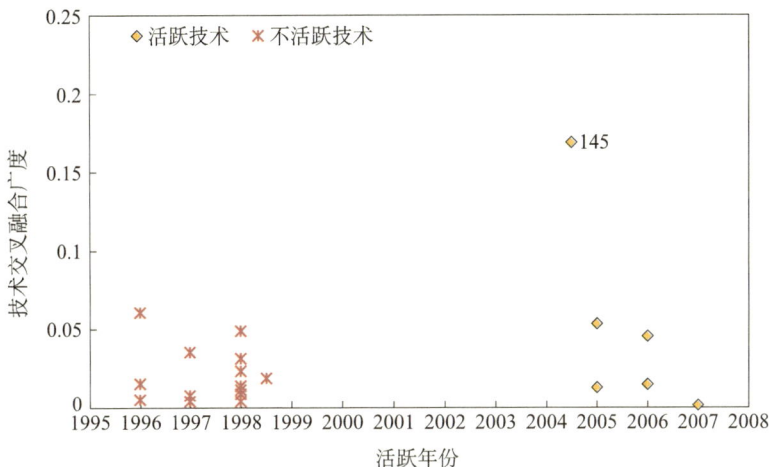

图 5-5 英国技术交叉融合与活跃趋势

5）法国

法国技术交叉融合与活跃趋势如图 5-6 所示。从活跃程度来看，不活跃技术的活跃时间均在 1999 年及之前，而活跃技术的活跃时间均在 2005 年及之后；从技术交叉融合态势来看，法国活跃技术的技术交叉融合广度与不活跃技术的相应指标没有显著差别，活跃技术技术交叉融合广度主要集中于 0.05 以下，涵盖的技术范围不广。

整体来看，新能源汽车产业的技术 82（车辆辅助及检测系统）是

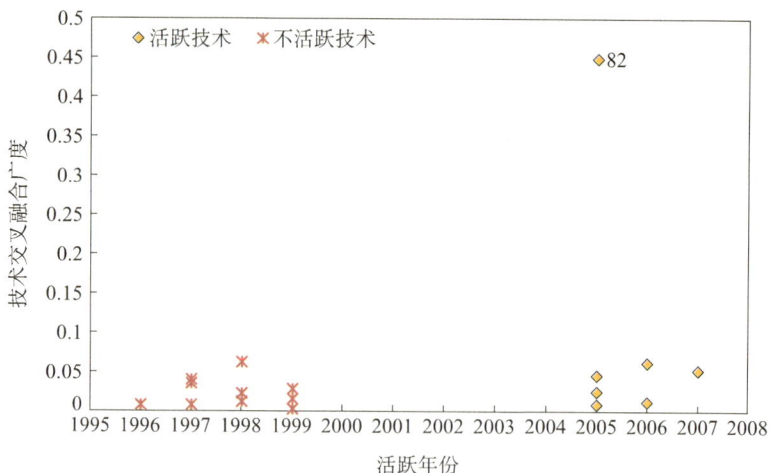

图 5-6　法国技术交叉融合与活跃趋势

法国近年关注且技术交叉融合程度较高的技术方向，其活跃年份为 2005 年，技术交叉融合广度为 0.45。

6）德国

德国技术交叉融合与活跃趋势如图 5-7 所示。从活跃程度来看，不活跃技术的活跃时间均在 1999 年及之前，而活跃技术的活跃时间均在 2005 年及之后；从技术交叉融合态势来看，德国活跃技术的技

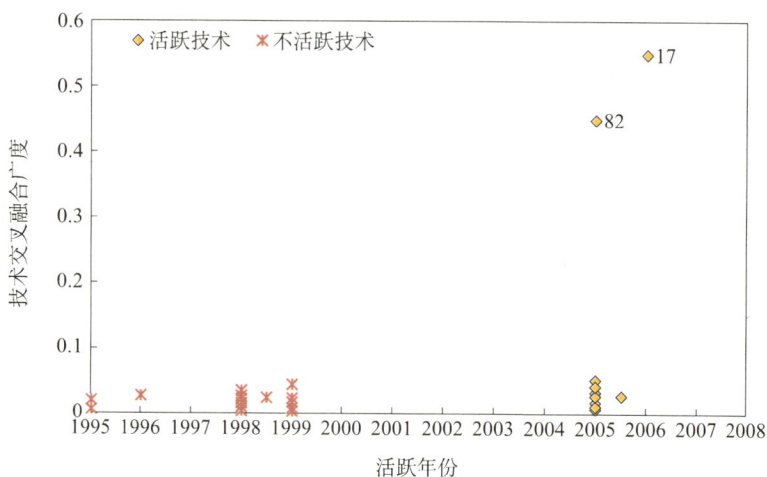

图 5-7　德国技术交叉融合与活跃趋势

术交叉融合有待进一步发展，其技术交叉融合广度主要集中于 0.1 以下，与不活跃技术的技术交叉融合广度分布相差不大。

整体来看，新能源汽车产业的技术 17（车辆控制系统设计）是德国近年关注且技术交叉融合广度较高的技术方向，其活跃年份为 2006 年，技术交叉融合广度为 0.55；其次是新能源汽车产业的技术 82（车辆辅助及检测系统），其活跃年份为 2005 年，技术交叉融合广度为 0.45。

5.3　国家产业控制实力

知识产权制度是经济全球化背景下产业发展必须遵守的规则之一。一个国家对特定产业的技术控制实力，一定程度上可以用其拥有的知识产权情况来衡量。

专利技术护航产业发展的能力不取决于专利数量的多寡，而与高质量专利技术的拥有程度密切相关，关注高质量专利技术更有应用价值。本书基于严格的数据遴选方案，形成重要的四方专利数据集，并基于此形成整体技术交叉图谱。

在该图谱的基础上，分析不同国家在技术交叉全局下的份额，可以揭示不同国家控制产业发展的技术实力。具体而言，以各国在各交叉技术中所占专利份额为区分指标，绘制各国技术份额地图，并结合不同国家实际情况，遴选各国的优势技术。

5.3.1　国家技术份额地图

在技术结构地图中，根据各目标国家在不同技术方向所占专利份额绘制 6 个目标国家的技术交叉结构地图，如图 5-8 所示。

从各国专利涉及的交叉技术来看，美国最广，涉及154个技术方向，其次是日本（140个）和德国（121个）。中国拥有的专利数量为28件，分布在6个产业的24个交叉技术中。

从各国交叉技术涉及产业来看，除中国在产业4（高端装备制造产业）和产业7（新能源汽车产业）没有相关专利布局外，其他各国在8个产业均有专利分布。

各国专利份额的主要集中区域的差别明显，各国间呈现出明显的专利份额层级区分。中国以（0，0.4%]（绿色）为主，意味着在整个155个交叉技术背景下，中国拥有专利的技术中的专利数量占对应技术点专利总数量的比例主要分布在（0，0.4%]。相比而言，英国主要在（1%，2%]（橙色）范围，法国在（2%，4%]（紫色）及（1%，2%]（橙色）两个区间的交叉技术数量较多，德国主要集中在（0，10%]（绿色），日本主要集中在（0，10%]和（10%，20%]（黄色和绿色），美国在各技术方向专利份额优势都较为明显，主要分布在（40%，60%]（紫色），见表5-7。

表5-7 目标国家专利份额主要集中区间

国家	中国	美国	日本	英国	德国	法国
主要集中区间	(0，0.4%]	(40%，60%]	(10%，20%]，(0，10%]	(1%，2%]	(0，10%]	(2%，4%]，(1%，2%]
颜色	绿色	紫色	黄色，绿色	橙色	绿色	紫色，橙色

2011年，中国受理的发明申请首次超过美国，以52万件的总数位居世界第一。同期，中国申请的专利也以43万件位居世界第三，与美国（44万件）和日本（47万件）相差无几。在专利数量井喷式增长的同时，对产业发展具有重要意义的重要专利在对应技术方向的占比低于1%，与发达国家差距悬殊，这种现状值得深思。

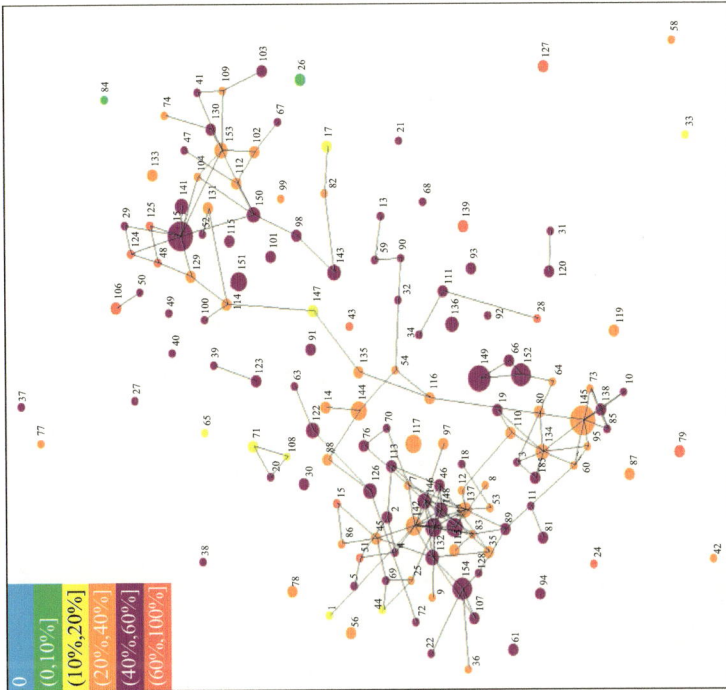

(b) 美国

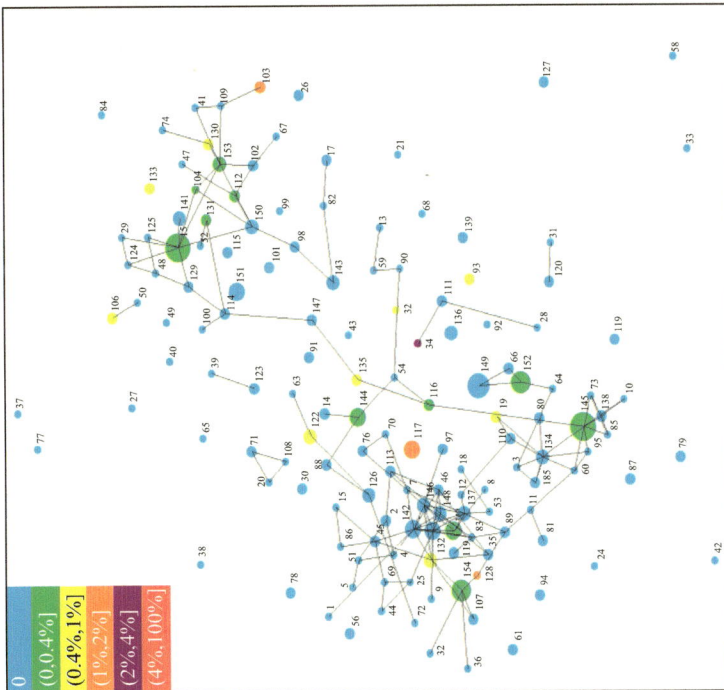

(a) 中国

图5-8 2002~2011年国家技术份额

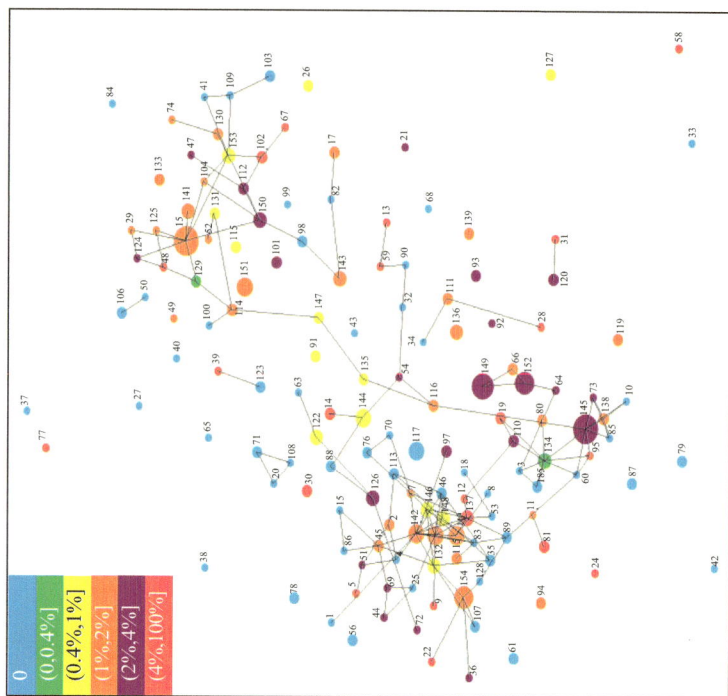

（d）英国

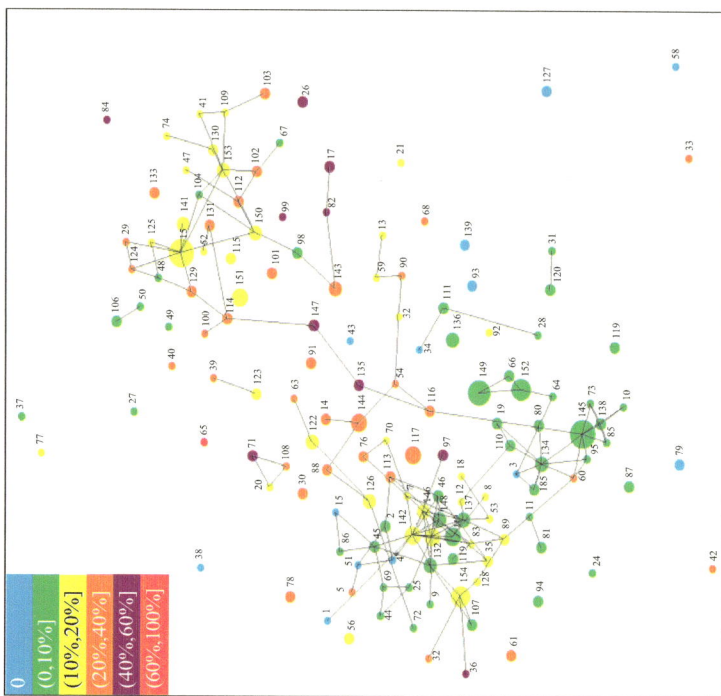

（c）日本

图5-8　2002~2011年国家技术份额（续）

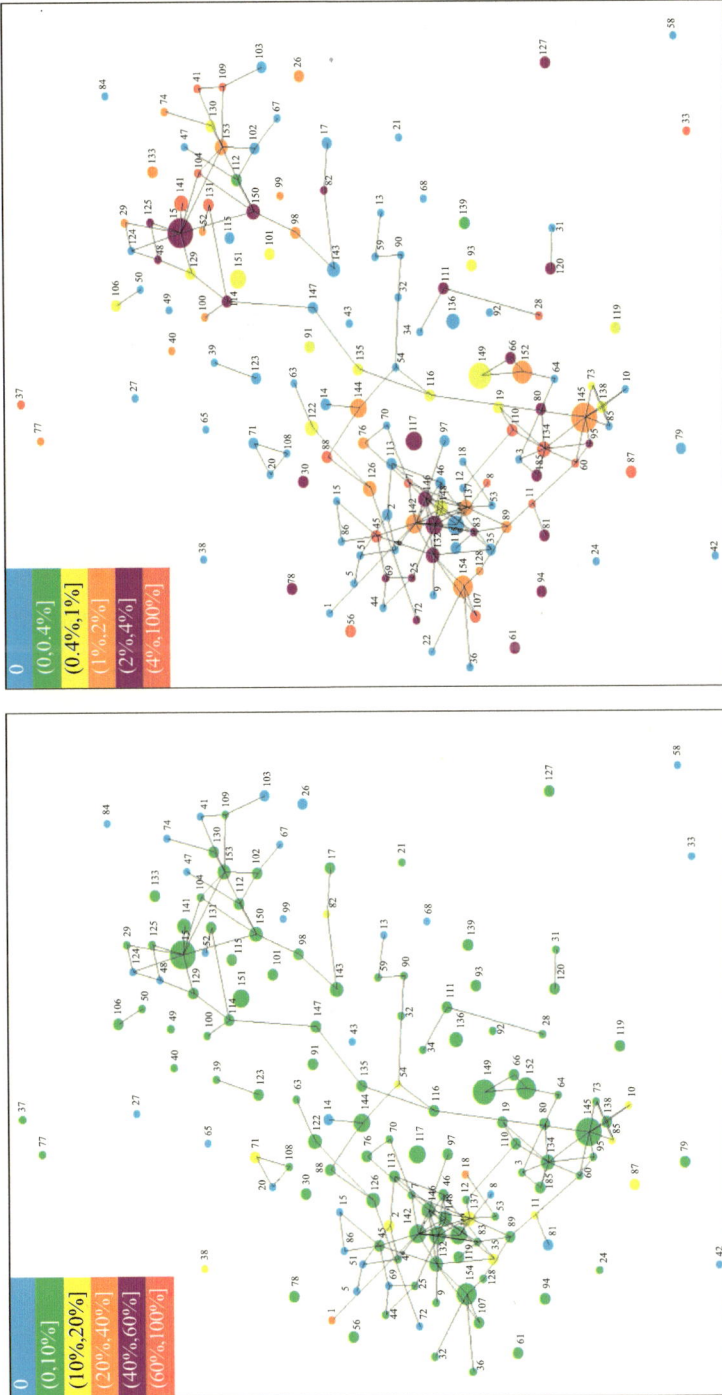

（e）德国

（f）法国

图5-8 2002~2011年国家技术份额（续）

注：①每一个圆代表一个交叉技术，圆的大小与技术方向中包含的USPC数量成正比。圆旁边的数字代表技术方向的ID号。②圆之间连线代表技术方向之间较强的关联，各个圆之间的关联也反映出它们之间的关联程度，关联程度越高，距离越近。图中上下左右的方位没有实际含义。③圆的不同颜色代表该国在此技术方向拥有的专利份额比例。由于不同区间份额差别较大，为了尽可能展现不同国家采取不同的优势技术，不同国家采取不同的份额比例区间。

5.3.2 国家优势技术

技术交叉结构地图中各国拥有专利数量差异较大，因此各国在各交叉技术中所占专利份额差异也较大，针对不同国家实际情况，确定各国专利份额较高的为其优势技术（表5-8）。

表 5-8　各国优势技术筛选标准

国家	中国	美国	日本	英国	德国	法国
专利份额	≥1％	≥50％	≥40％	≥5％	≥10％	≥6％

1）中国

表5-9展示了技术交叉结构地图中，中国的优势技术（专利份额≥1％）分布情况。专利份额≥1％的技术共4个。其中，不属于战略性新兴产业的其他传统产业的技术34（流体、质量控制方法及系统和阀泵设备制造）是中国所占专利份额最高的交叉技术，中国拥有的专利占技术34中全部专利总量的2.86％；其次是技术103（无线通信、光通信信道、传输相关的装置、方法、系统，以及其性能改善相关的装置、方法、系统）、技术128（碳、石墨、碳纳米管及其复合材料的制备及应用）和技术117（电池制造），专利份额为1.2％～1.7％。

表 5-9　2002～2011 年中国优势技术（专利份额≥1％）

技术 ID	技术内容	所属产业	专利数量/件	专利份额/％
34	流体、质量控制方法及系统和阀泵设备制造	其他传统产业	1	2.86
103	无线通信、光通信信道、传输相关的装置、方法、系统，以及其性能改善相关的装置、方法、系统	新一代信息技术产业	1	1.67
128	碳、石墨、碳纳米管及其复合材料的制备及应用	新材料产业	1	1.28
117	电池制造	节能环保产业	3	1.26

2）美国

表 5-10 展示了技术交叉结构地图中美国的优势技术（专利份额≥ 50%），共 38 个。美国优势技术相对集中于新一代信息技术产业（11 个优势技术）。具体来看，其他传统产业的技术 62（涡轮机组件的改进）是美国所占专利份额最高的交叉技术，其专利份额为 100%；其次是技术 139（外科手术器械及手术方法）、技术 48（计算机软件程序优化方法）、技术 51（高性能纤维及复合材料的制备方法和技术）、技术 43（氟代烯烃的组合物传热性能研究）以及技术 106（存储单元、存储系统的相关设备和方法及性能提升方法、设备），其专利份额为 70%～80%。

表 5-10 2002～2011 年美国优势技术（专利份额≥50%）

技术 ID	技术内容	所属产业	专利数量/件	专利份额/%
62	涡轮机组件的改进	其他传统产业	17	100.00
139	外科手术器械及手术方法	生物产业	206	78.93
48	计算机软件程序优化方法	新一代信息技术产业	52	74.29
51	高性能纤维及复合材料的制备方法和技术	新材料产业	26	72.22
43	氟代烯烃的组合物传热性能研究	节能环保产业	10	71.43
106	存储单元、存储系统的相关设备和方法及性能提升方法、设备	新一代信息技术产业	157	70.40
125	多任务计算机（处理器）的控制及通信方法和装置	新一代信息技术产业	87	69.60
15	医用检查仪器相关的设备、元件、设计、方法、板材等	生物产业	13	68.42
127	脊柱/骨关节植入物及手术相关组件、固定装置、操作方法	生物产业	144	67.92
24	蒸发、冷凝、提纯的方法和技术	节能环保产业	17	65.38
79	喷涂设备的制造	其他传统产业	26	65.00
23	土木建筑砌块	其他传统产业	5	62.50

续表

技术 ID	技术内容	所属产业	专利数量/件	专利份额/%
124	数据流的存储、通信、调度、控制的方法和装置	新一代信息技术产业	46	62.16
28	流体系统及流体元件的改进	其他传统产业	30	61.22
115	语音和文本的识别、容错及特征比较	新一代信息技术产业	88	58.28
29	互联网相关的通信、存储等设备和方法	新一代信息技术产业	32	58.18
149	生物样品的检测方法、装置	生物产业	472	57.14
50	计算机等终端的存储管理及数据的安全处理等方法	新一代信息技术产业	13	56.52
20	光学装置特种加工优化及应用	其他传统产业	42	56.00
123	半导体存储器件等的相关制造方法和工艺技术	新一代信息技术产业	64	55.65
98	设备信息采集、监控	其他传统产业	45	55.56
31	医学检查与治疗设备、装置、器械、元件、方法	生物产业	54	55.10
69	塑料成型和提高印刷分辨率	其他传统产业	22	55.00
94	分离、过滤（主要是血液）装置	生物产业	46	54.12
128	碳、石墨、碳纳米管及其复合材料的制备及应用	新材料产业	41	52.56
155	网络的数据存储、信息传播、地址分配、消息通信、信息共享的方法和设备技术	新一代信息技术产业	1118	51.64
120	注射及流体给药设备的改进及应用	生物产业	84	51.53
34	流体、质量控制方法及系统和阀泵设备制造	其他传统产业	18	51.43
27	能源管理相关的系统、方法和装置	节能环保产业	18	51.43
49	可应用于物联网的信息感知、信息传输及信息处理等技术	新一代信息技术产业	42	51.22
136	医疗检查、监测、治疗相关仪器设备及应用	生物产业	121	50.84
154	空气过滤材料及其制法、过滤组件和过滤装置等	节能环保产业；新材料产业	235	50.21
4	金属合金材料的制备方法	新材料产业	4	50.00
38	发热元件及加热方法	其他传统产业	5	50.00

续表

技术 ID	技术内容	所属产业	专利数量/件	专利份额/%
66	疫苗、生物技术药物、化学药品、中药、生物农药、兽药疫苗、生物化工产品、医疗器械、医学影像设备相关的产品、试剂盒、制作方法、治疗方法、应用；与医疗器械、医学影像设备相关的元件、设备、方法	生物产业	79	50.00
68	电子显示设备及照明系统	其他传统产业	6	50.00
70	金属材料及其复合材料的制备方法	新材料产业	12	50.00
90	光学、显示、照明装置	新一代信息技术产业	30	50.00

3）日本

表 5-11 展示了技术交叉结构地图中日本的优势技术（专利份额≥40％），共 12 个。日本优势技术相对集中于新一代信息技术产业（5 个优势技术）。具体来看，生物产业的技术 65（定影与成像方法及装置）是日本所占专利份额最高的交叉技术，其专利份额约为 67％；其次是技术 16（计时装置），其专利份额也超过了 60％。

表 5-11　2002～2011 年日本优势技术（专利份额≥40％）

技术 ID	技术内容	所属产业	专利数量/件	专利份额/%
65	定影与成像方法及装置	生物产业	29	67.44
16	计时装置	其他传统产业	5	62.50
36	排气净化装置和方法及微粒物质传感器的测量	节能环保产业	31	59.62
147	显示设备的驱动、元件布置、漫射、老化补偿、调节、降噪、数据包传输的方法及设备技术	新一代信息技术产业	241	57.11
99	图像处理、识别、制作等系统、程序、方法等；图像、视频记录、存储、处理设备（如照相机、摄像机等）	新一代信息技术产业	38	55.88
135	半导体显示器件、太阳能电池等的相关材料、制造方法和工艺技术	新一代信息技术产业；新能源产业	119	54.59

技术 ID	技术内容	所属产业	专利数量/件	专利份额/%
17	车辆控制系统设计	新能源汽车产业	27	51.92
84	自行车伺服驱动	其他传统产业	16	51.61
26	记录/再现信息的方法和设备、存储介质、相关方法和产品以及音频存储设备	新一代信息技术产业	63	50.40
82	车辆辅助及检测系统	新能源汽车产业	25	50.00
97	墨水组件、墨盒、喷墨记录装置及喷墨记录、成像方法	高端装备制造产业	42	46.15
71	投影光学系统、光刻投影系统	新一代信息技术产业	19	45.24

4）英国

表 5-12 展示了技术交叉结构地图中英国的优势技术（专利份额≥5%），共 14 个。英国的优势技术相对集中于其他传统产业（7 个优势技术）。新材料产业的技术 4（金属合金材料的制备方法）是英国所占专利份额最高的交叉技术，其专利份额约为 13%；其次是技术 57（螺纹连接及其防护）和技术 5（纤维织物、皮革状物的制法），其专利份额均超过了 9%。

表 5-12　2002～2011 年英国优势技术（专利份额≥5%）

技术 ID	技术内容	所属产业	专利数量/件	专利份额/%
4	金属合金材料的制备方法	新材料产业	1	12.50
57	螺纹连接及其防护	其他传统产业	2	10.00
5	纤维织物、皮革状物的制法	其他传统产业	1	9.09
59	光纤器件制造方法及相关技术	新一代信息技术产业	7	8.33
24	蒸发、冷凝、提纯的方法和技术	节能环保产业	2	7.69
58	具有防溢阀门、流体阀等阀门的装置及其测量、控制等方法	其他传统产业	1	7.69
14	多层印刷电路板、新型连接元件、智能化打印设备的制造方法以及 RFID 等技术	新一代信息技术产业；高端装备制造产业	5	7.25

技术 ID	技术内容	所属产业	专利数量/件	专利份额/%
13	光纤光栅器件及其制造方法	新一代信息技术产业	2	7.14
95	蛋白酶抑制剂类化学衍生物、组合物及应用	生物产业	2	6.90
77	发电机及电动机的控制方法	其他传统产业	6	6.25
28	流体系统及流体元件的改进	其他传统产业	3	6.12
75	管接头的测量、改进及评估	其他传统产业	1	5.56
19	与伤口、皮肤相关的医疗设备、器械、医用制品、方法等	生物产业	6	5.50
9	激光、离子束装置及其应用	其他传统产业	1	5.26

5）德国

表 5-13 展示了技术交叉结构地图中德国的优势技术（专利份额≥10%），共 14 个。德国的优势技术相对集中于新材料产业（5 个优势技术）。其他传统产业的技术 1（密封材料及密封方法）是德国所占专利份额最高的交叉技术，其专利份额为 25%；其次是技术 18［具有一定功能（或结构）的聚合物的合成与应用］，其专利份额也超过了 20%。

表 5-13　2002～2011 年德国优势技术（专利份额≥10%）

技术 ID	技术内容	所属产业	专利数量/件	专利份额/%
1	密封材料及密封方法	其他传统产业	2	25.00
18	具有一定功能（或结构）的聚合物的合成与应用	新材料产业	9	23.68
54	发光元件相关制造方法和工艺技术	节能环保产业；新一代信息技术产业；新材料产业	39	16.53
96	美容和清洁用具（如刷子类用具）	其他传统产业	10	16.39
87	高性能染料组合物的制备	新材料产业	7	14.58
35	聚合物泡沫材料、树脂材料的制备方法	新材料产业	7	13.46

续表

技术 ID	技术内容	所属产业	专利数量/件	专利份额/%
85	生物类、化学类药物、衍生物、组合物及其制备方法和应用	生物产业	6	12.50
10	关于化合物及其衍生物或组合物的结构、作用机制、剂型、给药途径、治疗效果、用途等方面的改进	生物产业	10	12.50
71	投影光学系统、光刻投影系统	新一代信息技术产业	5	11.90
11	制药和医疗过程中使用的各种仪器、元件、工具和方法	生物产业	6	11.76
2	造纸工艺、产品及其应用	其他传统产业	7	11.48
137	各种涂料、涂层的合成与应用；多种树脂的合成方法	新材料产业	27	10.93
82	车辆辅助及检测系统	新能源汽车产业	5	10.00
38	发热元件及加热方法	其他传统产业	1	10.00

6）法国

表 5-14 展示了技术交叉结构地图中法国的优势技术（专利份额≥6％），共 12 个。法国的优势技术相对集中于其他传统产业（5个优势技术）。其他传统产业的技术 96〔美容和清洁用具（如刷子类用具）〕是法国所占专利份额最高的交叉技术，其专利份额约为57％；其次是技术 87（高性能染料组合物的制备），其专利份额也超过了 50％。

表 5-14　2002～2011 年法国优势技术（专利份额≥6％）

技术 ID	技术内容	所属产业	专利数量/件	专利份额/%
96	美容和清洁用具（如刷子类用具）	其他传统产业	35	57.38
87	高性能染料组合物的制备	新材料产业	27	56.25
33	容器开启、关闭结构	其他传统产业	2	33.33

续表

技术 ID	技术内容	所属产业	专利数量/件	专利份额/%
57	螺纹连接及其防护	其他传统产业	5	25.00
134	发泡剂、乳化剂、表面活性剂等日化产品的制备和应用	其他传统产业	49	18.28
60	与生物技术药物、化学药品、中药相关的各种药物、制备方法、剂型、应用等	生物产业	3	10.34
88	半导体领域相关制造方法、工艺技术、材料和装置	新一代信息技术产业	15	10.00
141	媒体流的传送、接收、选择、控制和保护、存储、偏好分析的方法设备技术	新一代信息技术产业	33	8.23
28	流体系统及流体元件的改进	其他传统产业	4	8.16
109	检测及改善通信质量、检测及提高信号传输效率、检测及改进信号干扰等设备、系统、方法	新一代信息技术产业	6	7.50
56	废水处理等技术	节能环保产业	3	6.52
110	生物和化学药物的缓释、控释、速释等制剂技术	生物产业	20	6.10

5.4 国家技术吸收时间

从产业看，各国家在产业 2（新一代信息技术产业）的平均技术吸收时间相对最短，技术平均吸收时间基本在 5 年以内；其次是产业 3（生物产业）、产业 4（高端装备制造产业）和产业 5（新能源产业），基本在 7 年以内。相较而言，各国产业 8（其他传统产业）的技术吸收时间均较长，平均吸收时间均超过 10 年（图 5-9）。

从国家看，中国的技术平均吸收时间最短，约 5.08 年；其次是

日本，约 5.26 年；德国、美国和法国均在 6～8 年；英国最慢，约
8.43 年。日本在各产业的技术吸收时间相对均衡，技术吸收时间为
4.4～7.5 年；法国在各产业的技术吸收时间波动最大，吸收时间为
2.2～13.4 年。

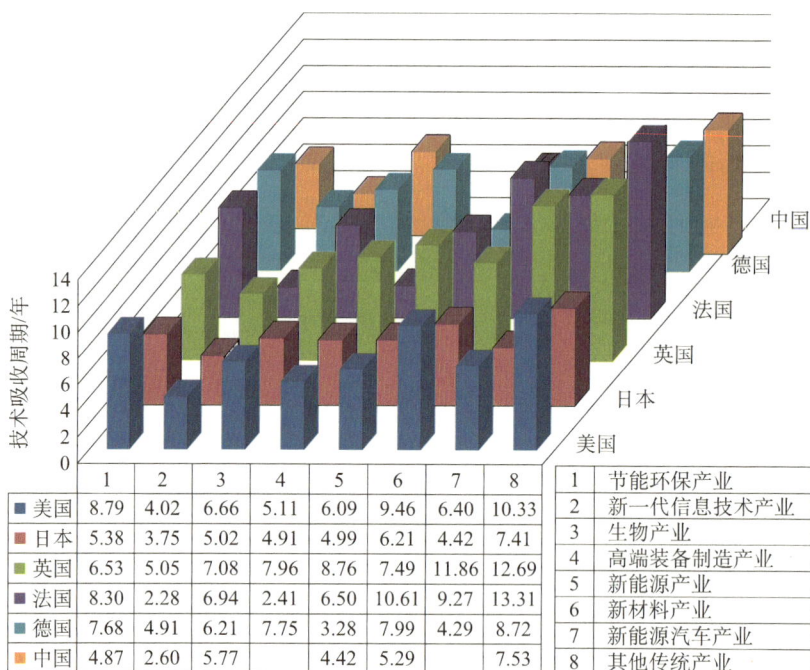

	1	2	3	4	5	6	7	8
美国	8.79	4.02	6.66	5.11	6.09	9.46	6.40	10.33
日本	5.38	3.75	5.02	4.91	4.99	6.21	4.42	7.41
英国	6.53	5.05	7.08	7.96	8.76	7.49	11.86	12.69
法国	8.30	2.28	6.94	2.41	6.50	10.61	9.27	13.31
德国	7.68	4.91	6.21	7.75	3.28	7.99	4.29	8.72
中国	4.87	2.60	5.77		4.42	5.29		7.53

1	节能环保产业
2	新一代信息技术产业
3	生物产业
4	高端装备制造产业
5	新能源产业
6	新材料产业
7	新能源汽车产业
8	其他传统产业

图 5-9　2002～2011 年各国不同产业平均技术吸收时间

　　图 5-10 展现了目标国家在 2002～2011 年，平均技术吸收时间变
化。可以看出，较 2002 年而言，各国平均技术吸收时间均有所变短，
技术吸收速度增快，提升速度最快的是中国，平均技术吸收时间从
2002 年的 9.13 年下降到 2011 年的 2.67 年。其次是德国，从 2002 年
的 8.67 年下降到 2011 年的 5.84 年。英国和日本的平均技术吸收时
间波动较小。

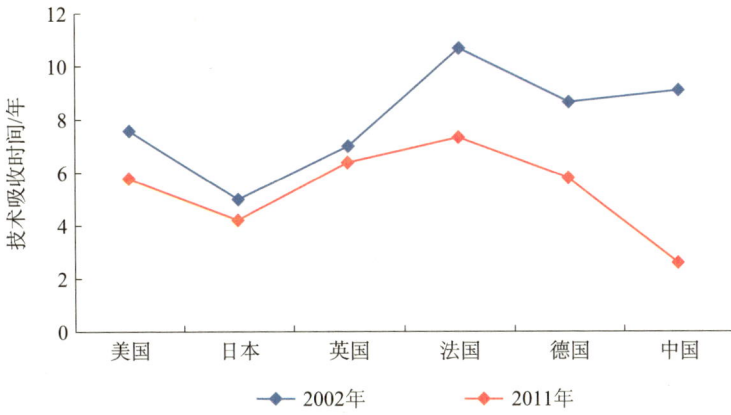

图 5-10　2002～2011 年各国平均技术吸收时间变化

6

企业技术发展分析

6.1 美国公司

本章从美国公司和非美国公司（外国公司）两类公司分析技术交叉融合及活跃特征。

6.1.1 技术交叉融合特征

定义活跃度不超过 4 的美国公司拥有的技术为活跃技术，活跃度在 7 以上的美国公司拥有的技术为不活跃技术，表 6-1 给出了 2002～2011 年美国公司的活跃技术和不活跃技术。

美国公司活跃技术共 19 个，分属生物产业（5 个）、节能环保产业（3 个）、新一代信息技术产业（3 个）、新材料产业（1 个）、新能源汽车产业（1 个）和其他传统产业（6 个）等产业，值得注意的是，美国公司的其他传统产业拥有最多的活跃技术（6 个）。

不活跃技术共 12 个，涉及新材料产业（2 个）、新一代信息技术产业（1 个）和节能环保产业（1 个）等产业，而其他传统产业同样拥有最多的不活跃技术（8 个）。

美国公司活跃技术中有较多非战略性新兴产业的其他传统产业的子技术，这也从一个侧面印证了战略性新兴产业的特点：体现特定国家的产业发展战略与优先方向。因此，美国公司活跃技术分布与我国战略性新兴产业布局的不一致反映了中美两国不同的产业发展重点与方向。

表 6-1　2002～2011 年美国公司活跃技术与不活跃技术明细

技术	技术 ID	技术内容	活跃度	所属产业	涉及子产业
活跃技术	10	关于化合物及其衍生物或组合物的结构、作用机制、剂型、给药途径、治疗效果、用途等方面的改进	4	生物产业	化学药品与原料药制造；生物技术药物
	23	土木建筑砌块	4	其他传统产业	土木工程建筑业-铁路、道路、隧道和桥梁工程建筑
	28	流体系统及流体元件的改进	3.5	其他传统产业	通用设备制造业-泵、阀门、压缩机及类似机械制造
	32	电子元器件、光源装置及光学系统	4	节能环保产业	高效照明产品及系统
	36	排气净化装置和方法及微粒物质传感器的测量	4	节能环保产业	控制温室气体排放技术、新材料与药剂
	37	涡轮材料、叶片形状及结构设计方法	3.5	其他传统产业	铁路、船舶、航空航天和其他运输设备制造业
	49	可应用于物联网的信息感知、信息传输及信息处理等技术	4	新一代信息技术产业	网络设备；信息技术服务
	50	计算机等终端的存储管理及数据的安全处理等方法	4	新一代信息技术产业	网络设备；信息技术服务
	57	螺纹连接及其防护	3	其他传统产业	通用设备制造业
	58	具有防溢阀门、流体阀等阀门的装置及其测量、控制等方法	4	其他传统产业	通用设备制造业；其他制造业
	70	金属材料及其复合材料的制备方法	3	新材料产业	新型金属功能材料
	82	车辆辅助及检测系统	3	新能源汽车产业	新能源汽车零部件配件制造；新能源汽车电动机制造
	98	设备信息采集、监控	4	其他传统产业	计算机、通信和其他电子设备制造业-通信设备制造
	111	呼吸器件及设备的改进（包括面具、鼻管、气流控制、加湿设备等）	3.5	生物产业	先进治疗设备

续表

技术	技术ID	技术内容	活跃度	所属产业	涉及子产业
活跃技术	112	无线通信终端设备（如手机等）及相关元件（如天线、音频播放等）、配件（如耳机、键盘等）及其制造；助听设备	4	新一代信息技术产业	信息网络设施；新一代信息终端设备；电子专用设备仪器
	117	电池制造	4	节能环保产业	高效储能、节能监测和能源计量
	127	脊柱/骨关节植入物及手术相关组件、固定装置、操作方法	4	生物产业	植介入生物医用材料；先进治疗设备
	138	生物化学药物衍生物、组合物的制备和应用（主要为蛋白酶/细胞因子抑制剂）	4	生物产业	生物技术药物；化学药品与原料药制造
	139	外科手术器械及手术方法	3.5	生物产业	先进治疗设备
不活跃技术	1	密封材料及密封方法	8	其他传统产业	橡胶和塑料制品业
	3	表面活性剂、洗涤剂技术及应用	7.5	其他传统产业	化学原料和化学制品制造业
	5	纤维织物、皮革状物的制法	8	其他传统产业	纺织业；皮革、毛皮、羽毛及其制品和制鞋业
	9	激光、离子束装置及其应用	7.5	其他传统产业	专用设备制造业
	18	具有一定功能（或结构）的聚合物的合成与应用	7	新材料产业	表面功能材料；高品质新型有机活性材料；新型膜材料
	26	记录/再现信息的方法和设备、存储介质、相关方法和产品以及音频存储设备	8	新一代信息技术产业	集成电路；广播电视制播设备
	33	容器开启、关闭结构	8	其他传统产业	通用设备制造业
	38	发热元件及加热方法	8	其他传统产业	汽车制造业
	42	新型雾化装置及其相关组件	7	其他传统产业	专用设备制造业
	44	模具制造及模制系统	7	其他传统产业	橡胶和塑料制品业
	53	含氟组合物、涂料组合物和涂层的制备	7.5	新材料产业	表面功能材料；工程塑料及合成树脂
	56	废水处理等技术	7	节能环保产业	环保服务

活跃技术的技术交叉融合广度和技术交叉融合强度分布如图 6-1

所示。图中以美国公司所有技术的平均技术交叉融合广度和平均技术交叉融合强度划分四个区域。

2002~2011 年，美国公司的活跃技术大部分集中在 C 区，技术交叉融合广度较低，但技术交叉融合强度较高，其涵盖的 USPC 虽然不十分广泛，但是专利申请量相对较大，因而技术交叉融合强度较大。

技术 139（外科手术器械及手术方法技术）、技术 127（脊柱/骨关节植入物及手术相关组件、固定装置、操作方法技术）和技术 98（设备信息采集、监控技术）具有相对较高的技术融合强度，技术 117（电池制造）和技术 82（车辆辅助及检测系统）则具有较高的技术交叉融合广度。

美国公司的活跃技术中尚不存在技术交叉融合广度和技术交叉融合强度均相对较大的技术（即处于 B 区的技术）。

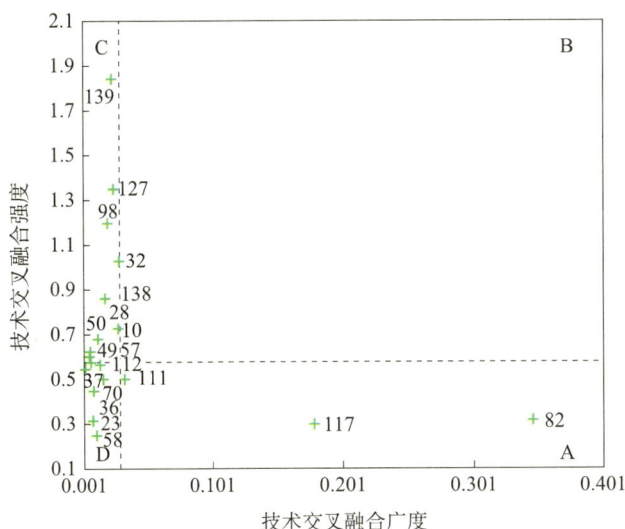

图 6-1　2002~2011 年美国公司活跃技术的技术交叉融合特征

不活跃技术的技术交叉融合广度和强度分布如图 6-2 所示。图中同样以美国公司所有技术的平均技术交叉融合广度和平均技术交叉融合强度划分四个区域。

相对活跃技术，不活跃技术的技术交叉融合广度和强度普遍较低。不活跃技术主要集中在 D 区，技术交叉融合广度和强度都低于平均值，技术交叉融合程度相对较弱。其中，技术 53（含氟组合物、涂料组合物和涂层的制备）和技术 18〔具有一定功能（或结构）的聚合物的合成与应用〕属于 C 区，技术交叉融合强度相对较高。

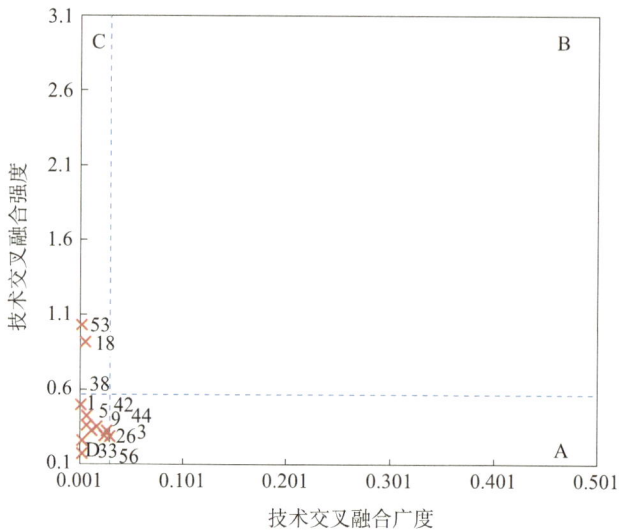

图 6-2　2002～2011 年美国公司不活跃技术的技术交叉融合特征

6.1.2 技术交叉与活跃趋势

计算美国公司交叉技术中的活跃技术和不活跃技术的平均活跃年份，在时间轴定位，并展现不同技术的技术交叉融合广度，得到图 6-3。

从图中可见，美国公司不活跃技术的活跃时间主要集中在 2003～2004 年，而活跃技术的活跃时间则集中在 2007～2009 年。

相比不活跃技术的技术交叉融合广度，活跃技术的技术交叉融合广度相对更大，说明技术的融合范围相对更广，特别是技术 82（车辆辅助及检测系统）和技术 117（电池制造）的技术交叉融合广度值在 0.1 以上，说明美国公司近几年在车辆检测和电池制造方向的技术更具多样性。

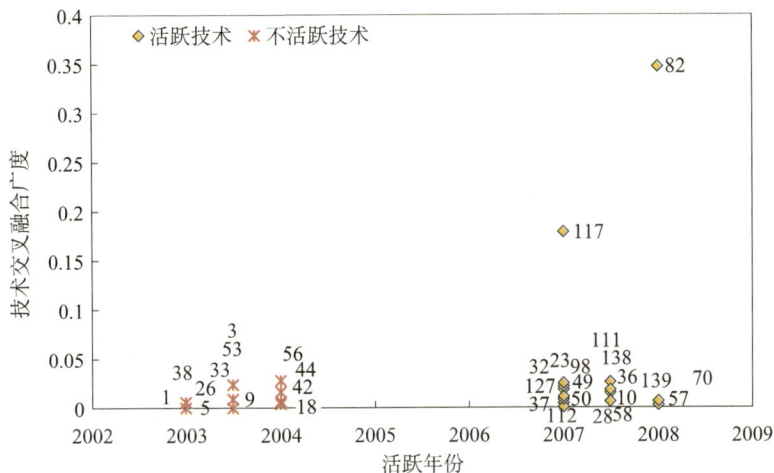

图 6-3　美国公司技术交叉融合与活跃趋势

6.2　外国公司[①]

6.2.1　技术交叉融合特征

将外国公司拥有的技术中活跃度小于等于 5 的技术认为是活跃技术，活跃度在 7 以上的外国公司拥有的技术为不活跃技术，表 6-2 给出了 2002～2011 年外国公司的活跃技术和不活跃技术。

外国公司活跃技术共 17 个，分属新一代信息技术产业（6 个）、

---

① 本节中的外国公司指美国以外的其他国家的公司。

节能环保产业（5个）、新材料产业（5个）、生物产业（2个）、新能源汽车产业（2个）和新能源产业（1个）等战略性新兴产业，另有2个活跃技术为其他传统产业。

外国公司不活跃技术共14个，最多来自其他传统产业（5个），其余分属新一代信息技术产业（4个）、新材料产业（2个）、生物产业（2个）和节能环保产业（1个）等战略性新兴产业。

表6-2 2002～2011年外国公司活跃技术与不活跃技术明细

技术	技术 ID	技术内容	活跃度	所属产业	涉及子产业
活跃技术	13	光纤光栅器件及其制造方法	4	新一代信息技术产业	网络设备
	17	车辆控制系统设计	4	新能源汽车产业	发电机及发电机组制造；新能源汽车电动机制造
	20	光学装置特种加工优化及应用	4	其他传统产业	仪器仪表制造业-光学仪器及眼镜制造
	32	电子元器件、光源装置及光学系统	4	节能环保产业	高效照明产品及系统
	54	发光元件相关制造方法和工艺技术	3.5	节能环保产业；新一代信息技术产业；新材料产业	节能环保产业-高效照明产品及系统；新一代信息技术产业-新型显示器件；新材料产业-电子功能材料
	56	废水处理等技术	4.5	节能环保产业	环保服务
	70	金属材料及其复合材料的制备方法	3	新材料产业	新型金属功能材料
	77	发电机及电动机的控制方法	4	其他传统产业	电气机械和器材制造业-电机制造；输配电及控制设备制造
	82	车辆辅助及检测系统	4.5	新能源汽车产业	新能源汽车零部件配件制造；新能源汽车电动机制造

技术	技术 ID	技术内容	活跃度	所属产业	涉及子产业
活跃技术	83	热塑性树脂的制备方法和技术	4.5	新材料产业	工程塑料及合成树脂
	94	分离、过滤（主要是血液）装置	4.5	生物产业	先进治疗设备
	103	无线通信、光通信信道、传输相关的装置、方法、系统，以及其性能改善相关的装置、方法、系统	4.5	新一代信息技术产业	集成电路；新一代信息终端设备；电子专用设备仪器
	116	发光元件相关材料、制造方法和工艺技术	4.5	节能环保产业；新一代信息技术产业；新材料产业	高效照明产品及系统；新型显示器件；电子功能材料；关键电子材料
	127	脊柱/骨关节植入物及手术相关组件、固定装置、操作方法	4	生物产业	植介入生物医用材料；先进治疗设备
	135	半导体显示器件、太阳能电池等的相关材料、制造方法和工艺技术	4	新一代信息技术产业；新能源产业	器件；新型元器件；太阳能产品
	147	显示设备的驱动、元件布置、漫射、老化补偿、调节、降噪、数据包传输的方法及设备技术	4.5	新一代信息技术产业	新型显示器件
	154	空气过滤材料及其制法、过滤组件和过滤装置等	4.5	节能环保产业；新材料产业	环保产品；新型催化材料及助剂
不活跃技术	4	金属合金材料的制备方法	9	新材料产业	新型金属功能材料
	9	激光、离子束装置及其应用	8	其他传统产业	专用设备制造业
	27	能源管理相关的系统、方法和装置	8	节能环保产业	用能系统优化、节能管理与服务；采矿及电力行业高效节能技术和装备
	29	互联网相关的通信、存储等设备和方法	8	新一代信息技术产业	网络设备
	33	容器开启、关闭结构	7.5	其他传统产业	通用设备制造业
	38	发热元件及加热方法	8	其他传统产业	汽车制造业

技术	技术 ID	技术内容	活跃度	所属产业	涉及子产业
不活跃技术	40	现实生活和网络中的身份识别及认证技术	7.5	新一代信息技术产业	下一代信息网络安全防护产品；集成电路；数字视听与数字家庭产品；软件及应用系统；网络与信息安全服务
	48	计算机软件程序优化方法	7.5	新一代信息技术产业	软件及应用系统
	51	高性能纤维及复合材料的制备方法和技术	8	新材料产业	高性能纤维及复合材料
	58	具有防溢阀门、流体阀等阀门的装置及其测量、控制等方法	10	其他传统产业	通用设备制造业；其他制造业
	64	生物技术药物、工业酶的制造技术与设备	8.5	生物产业	生物技术药物；特殊发酵产品与生物过程装备
	79	喷涂设备的制造	7.5	其他传统产业	通用设备制造业
	80	生物技术药物、化学药物、医疗器械等相关的产品、方法	7.5	生物产业	生物技术药物；化学药品与原料药制造；现代中药与民族药；生物医药服务
	109	检测及改善通信质量、检测及提高信号传输效率、检测及改进信号干扰等设备、系统、方法	7.5	新一代信息技术产业	信息网络设施；新一代信息终端设备

　　活跃技术的技术交叉融合广度和技术交叉融合强度分布如图 6-4 所示。图中以外国公司所有技术的平均技术交叉融合广度和平均技术交叉融合强度划分四个区域。

　　2002～2011 年，外国公司的活跃技术相对集中在 C 区和 D 区，技术交叉融合广度较低。

　　技术 82（车辆辅助及检测系统）、技术 17（车辆控制系统设计）、技术 32（电子元器件、光源装置及光学系统）和技术 116（可发光元件相关材料、制造方法和工艺技术）属于 B 区，技术交叉融合强度和

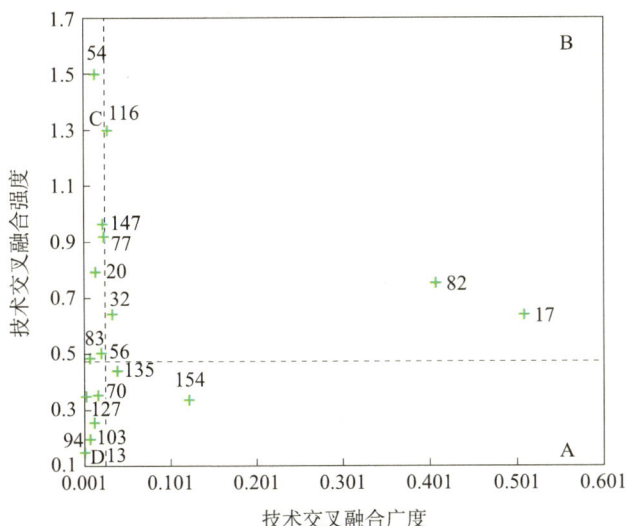

图6-4　2002～2011年外国公司活跃技术的技术交叉融合特征

广度都相对较高。

技术54（发光元件相关制造方法和工艺）技术融合广度较低，但技术融合强度最高，说明外国公司在该技术上涵盖的USPC虽然不十分广泛，但是专利申请量相对较大，因而技术交叉融合强度较大。

不活跃技术的技术交叉融合广度和技术交叉融合强度分布如图6-5所示。图中以外国公司所有技术的平均技术交叉融合广度和平均技术交叉融合强度划分四个区域。

相对活跃技术，外国公司不活跃技术的技术交叉融合广度和强度普遍较低。不活跃技术主要集中在C区和D区的小范围内（技术交叉融合强度＜0.9）。其中仅技术109（检测及改善通信质量、检测及提高信号传输效率、检测及改进信号干扰等设备、系统、方法）和技术40（现实生活和网络中的身份识别及认证技术）属于C区，技术交叉融合强度高于平均值。

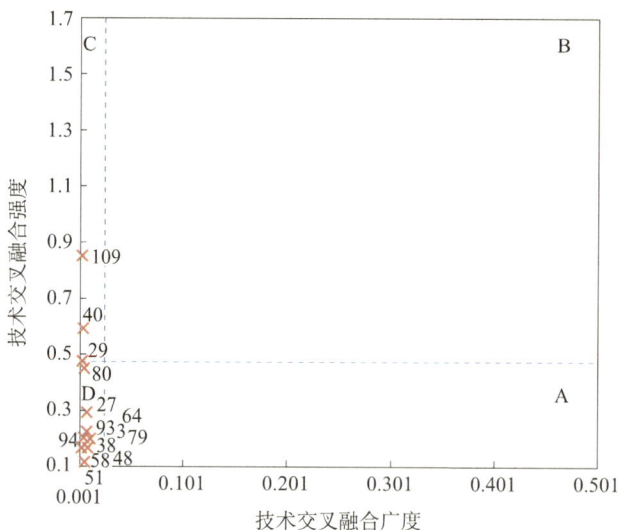

图 6-5　2002～2011 年外国公司不活跃技术的技术交叉融合特征

6.2.2　技术交叉与活跃趋势

计算外国公司交叉技术中的活跃技术和不活跃技术的平均活跃年份，在时间轴定位，并展现不同技术的技术交叉融合广度，得到图 6-6。

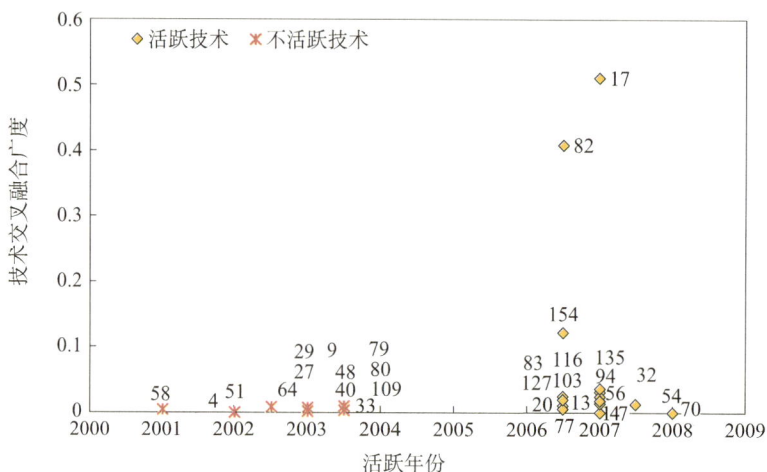

图 6-6　外国公司技术交叉融合与活跃趋势

　　从图中可见，活跃技术的活跃时间主要集中在 2006～2008 年，而不活跃技术的活跃时间则集中在 2001～2004 年，和美国公司一样，外国公司的活跃技术更加趋向于近几年出现的新技术。

　　不活跃技术的技术交叉融合广度几乎接近于零，说明外国公司的不活跃技术的技术广泛程度较低。而活跃技术的技术交叉融合广度相对较大，融合程度相对较高，特别是技术 17（车辆控制系统设计）和技术 82（车辆辅助及检测系统）的技术交叉融合广度值在 0.4 以上，说明外国公司近几年在车辆控制和辅助检测系统技术方向上更具技术多样性。

7

结语

从技术交叉与融合的角度描绘技术结构全景、度量交叉与融合特征、分析交叉与融合趋势、解读技术与产业的关联、对比不同国家的产业重点和技术储备……在我国开展经济结构调整、发展战略性新兴产业的大局下具有实际意义。

通过专利数据分析，进一步验证了全球技术交叉与融合的大趋势。交叉与融合作为技术发展的大趋势越来越得到认可，本书基于专利数据分析，全景展现了对产业发展具有重要意义的技术的交叉与融合结构，验证了技术正在走向交叉与融合的现实：与不活跃技术相比，活跃技术的技术交叉融合广度和强度均较高。

战略性新兴产业是未来一段时期内我国产业发展的优先领域，是引导创新资源投入和配置的纲领。本书在把握技术交叉与融合大趋势的基础上，分析了我国战略性新兴产业的技术现状、技术发展特点、技术力量储备、国际相对地位等方面，得到以下认识。

整体而言，在我国七大战略性新兴产业中，不同产业技术交叉与融合的特点不同，新一代信息技术产业的技术交叉融合广度和强度均最高，新能源汽车产业的技术交叉融合广度和强度最低。新一代信息技术产业和生物产业的技术交叉融合广度和强度均较高，意味着这两个产业广泛吸收相关技术，并且特定技术的专利布局也较为密集。节能环保产业的技术交叉融合模式与生物产业相似，但技术交叉融合广度和强度均低于生物产业。高端装备制造产业和新能源产业发展模式较相近：技术交叉融合广度较低，技术交叉融合强度较高，说明该产业技术相对聚焦，特定技术的专利保护相对密集。新材料产业的特点是技术交叉融合广度较高，技术交叉融合强度较低，该产业较广泛吸纳相关技术，特定技术的专利数量相对较少。新能源汽车产业技术交叉融合广度和强度均最低，该产业相关技术的专属性强，与其他技术的交叉较少，专利布局也较少。

十年来，我国战略性新兴产业所需技术的交叉融合特征发生了变化，这些变化可能反映了产业相关技术发展模式的变化。其中，生物产业和新能源产业的交叉融合强度增强，说明两个产业的重要专利数量在相关技术上趋于密集。新能源汽车产业的技术交叉融合强度减弱，该产业重要专利数量相对减少。新一代信息技术产业和高端装备制造产业的技术交叉融合广度增强，技术交叉融合强度减弱，这两个产业处于更广泛吸收相关技术的阶段。新材料产业在技术交叉融合广度和强度上同时减弱，该产业交叉技术相对于全部产业有所减少，重要专利数量相对降低。节能环保产业在技术交叉融合广度和强度上同时变强，说明该产业吸收更多技术，产出更多重要专利。本书认为，这些变化与相关产业的发展环境和产业内在的技术发展阶段等密切相关，值得关注。

对目标国家各自的活跃技术进行筛选和解读，发现各国活跃技术所在的产业有共性、有特性。共性有两点：6个目标国家的活跃技术均涉及4个以上的产业；各个国家在新一代信息技术产业、生物产业中均有活跃技术，这两个产业是各国重点关注的产业，竞争相对激烈。特性表现在：从国家层面看，中国在高端装备制造产业和新能源汽车产业均无活跃的技术；6个目标国家中，仅美国和日本的活跃技术在高端装备制造产业；仅中国和美国的活跃技术在新能源产业有分布。这些在一定程度上反映了不同国家的特色产业。从产业角度看，生物产业是英国活跃技术最多的产业；新一代信息技术产业是中国、美国、日本和德国 4 个国家活跃技术分布最多的产业。

近期活跃技术中，2/3 属于我国战略性新兴产业关注的技术方向。近期活跃技术中，有 10 个技术方向属于我国战略性新兴产业相关的技术，占活跃技术总量的 2/3。这些技术涉及新能源汽车产业（2个）、节能环保产业（2 个）、新一代信息技术产业（4 个）、生物产业（3 个）和新材料产业（1 个）[①]。可见我国战略性新兴产业的相关技术也受到国际技术创新者的关注，这些技术在国际上面临较激烈的竞争。活跃技术未涉及高端装备制造产业和新能源产业。

我国在战略性新兴产业的重要专利技术储备薄弱。尽管我国受理和提交的发明专利总量已位居世界前列[②]，但专利技术护航产业发展的能力并不取决于专利数量的多寡，而与高质量专利技术的拥有程度密切相关。我国在专利数量井喷式增长的同时，对产业发展具有重要意义的重要专利在相应技术方向的占比却与发达国家相差悬殊：我国重要专利数量占相应技术方向重要专利总量的比例（即专利份额）≥1％的技术方向共 4 个；美国专利份额≥50％的技术方向共 38 个；日本专利份额≥40％的技术方向共 12 个；英国专利份额≥5％的技术方向共 14 个；德国专利份额≥10％的技术方向共 14 个；法国专利份额≥6％的技术方向共 12 个。在对产业发展具有重要意义的高质量专利技术储备方面，我国与发达国家差距悬殊。

我国正在较快速吸收在先技术，开展创新研发。在 6 个目标国家中，中国的技术平均吸收时间最短，约 5.08 年。这意味着中国吸收

[①]　和不为 10，因为其中一个技术方向涉及节能环保产业、新一代信息技术产业、新材料产业 3 个产业。

[②]　2011 年，我国受理发明专利共 52 万件，首次超过美国位居世界第一。同期，我国申请的专利也以 43 万件位居世界第三，与美国（44 万件）和日本（47 万件）相差无几。

在先技术、开展研发创新的速度最快；其次是日本，约 5.26 年；德国、美国和法国均为 6～8 年；英国最慢，约 8.43 年。从整体情况看，日本在各产业的技术吸收时间相对均衡，技术吸收时间为 4.4～7.5 年；法国在各产业的技术吸收时间波动最大，吸收时间为 2.2～13.4 年。

本书利用专利分类共现分析探索全球技术交叉整体结构图谱，希望为决策者提供了解技术交叉融合格局的新视角，为我国战略性新兴产业的布局和资源配置提供支撑和依据。

附录

附表 1　中国战略性新兴产业分类表（2012 年）

代码			战略性新兴产业分类名称
一级	二级	三级	
1			节能环保产业
	11		高效节能产业
		1101	高效节能锅炉窑炉
		1102	电机及拖动设备
		1103	余热余压余气利用
		1104	高效储能、节能监测和能源计量
		1105	高效节能电器
		1106	高效照明产品及系统
		1107	绿色建筑材料
		1108	节能交通工具
		1109	用能系统优化、节能管理与服务
		1110	采矿及电力行业高效节能技术和装备
		1111	其他节能技术
	12		先进环保产业
		1201	水污染防治
		1202	大气污染防治
		1203	土壤污染治理与修复
		1204	垃圾和危险废物处理处置
		1205	减振降噪设备
		1206	环境监测仪器与应急处理设备
		1207	控制温室气体排放技术、新材料与药剂
		1208	环保产品
		1209	环保服务
		1210	智能水务

| 代码 | | | 战略性新兴产业分类名称 |
一级	二级	三级	
		1211	海洋水质与生态环境监测仪器设备
		1212	海洋环境保护与生态修复技术及装备
	13		资源循环利用产业
		1301	矿产资源综合利用
		1302	固体废物综合利用
		1303	建筑废弃物和道路沥青资源化利用
		1304	餐厨废弃物资源化利用
		1305	汽车零部件及机电产品再制造
		1306	资源再生利用
		1307	非常规水源利用
		1308	农林废物资源化利用
		1309	资源循环利用服务
2			新一代信息技术产业
	21		下一代信息网络产业
		2101	网络设备
		2102	信息网络设施
		2103	新一代信息终端设备
		2104	下一代信息网络安全防护产品
	22		电子核心基础产业
		2201	集成电路
		2202	新型显示器件
		2203	新型元器件
		2204	数字视听与数字家庭产品
		2205	广播电视制播设备
		2206	关键电子材料
		2207	电子专用设备仪器
	23		高端软件和新兴信息服务产业
		2301	软件及应用系统

续表

代码			战略性新兴产业分类名称
一级	二级	三级	
		2302	信息技术服务
		2303	电子商务服务
		2304	公共事业信息服务
		2305	数字内容服务
		2306	网络与信息安全服务
3			生物产业
	31		生物医药产业
		3101	新型疫苗
		3102	生物技术药物
		3103	化学药品与原料药制造
		3104	现代中药与民族药
		3105	生物分离介质与药用辅料
		3106	海洋生物医药
		3107	生物医药服务
	32		生物医学工程产业
		3201	医学影像设备
		3202	先进治疗设备
		3203	医用检查检验仪器
		3204	植介入生物医用材料
	33		生物农业产业
		3301	生物育种
		3302	生物农药
		3303	生物肥料
		3303	生物饲料
		3303	生物兽药及兽用生物制品疫苗
	34		生物制造产业
		3401	生物基材料
		3402	生物化工产品

续表

| 代码 | | | 战略性新兴产业分类名称 |
一级	二级	三级	
		3403	特殊发酵产品与生物过程装备
		3404	海洋生物活性物质及生物制品
4			高端装备制造产业
	41		航空装备产业
		4101	民用飞机（含直升机）
		4102	航空发动机
		4103	航空设备及系统
		4104	航空材料
		4105	航空维修及服务业
	42		卫星及应用产业
		4201	空间基础设施
		4202	卫星通信应用系统
		4203	卫星导航应用服务系统
		4204	卫星遥感应用系统
	43		轨道交通装备产业
		4301	铁路机车车辆及动车组制造
		4302	铁路专用设备、配件制造
		4303	城市轨道车辆制造
		4304	内燃机及配件制造
		4305	电动机制造
	44		海洋工程装备产业
		4401	海洋工程平台装备
		4402	海洋工程关键配套设备和系统
		4403	海洋工程装备服务
		4404	海洋环境监测与探测装备
		4405	海洋能相关系统与装备
	45		智能制造装备产业
		4501	智能测控装置

代码			战略性新兴产业分类名称
一级	二级	三级	
		4502	关键智能基础零部件
		4503	重大智能制造成套装备
5			新能源产业
	51		核电技术产业
		5101	先进核电工程技术
		5102	核燃料加工设备制造
		5103	核电站设备及零部件制造
	52		风能产业
		5201	风力发电机组
		5202	风力发电机组零部件制造
		5203	风电场相关系统与装备
		5204	海上风电相关系统与装备
		5205	智能电网
	53		太阳能产业
		5301	太阳能产品
		5302	太阳能生产装备
		5303	太阳能发电技术服务
	54		生物质能产业
		5401	生物质能
		5402	生物液体燃料
		5403	其他新能源
6			新材料产业
	61		新型功能材料产业
		6101	新型金属功能材料
		6102	新型功能陶瓷材料
		6103	稀土功能材料
		6104	高纯元素及化合物
		6105	表面功能材料

代码			战略性新兴产业分类名称
一级	二级	三级	
		6106	高品质新型有机活性材料
		6107	新型膜材料
		6108	功能玻璃和新型光学材料
		6109	电子功能材料
		6110	生态环境材料
		6111	新型能源材料
		6112	高品质合成橡胶
		6113	高性能密封材料
		6114	新型催化材料及助剂
	62		先进结构材料产业
		6201	高品质特种钢铁材料
		6202	高性能有色金属及合金材料
		6203	新型结构陶瓷材料
		6204	工程塑料及合成树脂
	63		高性能复合材料产业
		6301	高性能纤维及复合材料
		6302	金属基复合材料和陶瓷基复合材料
7			新能源汽车产业
	71		新能源汽车整车制造
		7100	新能源汽车整车制造
	72		新能源汽车装置、配件制造
		7201	发电机及发电机组制造
		7202	新能源汽车电动机制造
		7203	新能源汽车储能装置制造
		7204	新能源汽车零部件配件制造
	73		新能源汽车相关设施及服务
		7301	供能装置制造
		7302	试验装置制造
		7303	新能源汽车研发服务

附表 2   155 个交叉技术相关统计表

技术 ID	技术内容	专利数量/件	USPC 数量/个	活跃度
1	密封材料及密封方法	8	8	8.5
2	造纸工艺、产品及其应用	61	33	5.5
3	表面活性剂、洗涤剂技术及应用	35	24	8
4	金属合金材料的制备方法	8	6	6
5	纤维织物、皮革状物的制法	11	7	8
6	具有特种性能的复合材料的制备方法和技术	41	18	7
7	单晶、多晶和薄膜材料等及其电子器件的制备方法及应用	109	23	7
8	基于配合物的新型催化剂体系	21	8	5
9	激光、离子束装置及其应用	19	11	7.5
10	关于化合物及其衍生物或组合物的结构、作用机制、剂型、给药途径、治疗效果、用途等方面的改进	80	23	5
11	制药和医疗过程中使用的各种仪器、元件、工具和方法	51	25	6
12	涂层、纤维、胶囊、纳米粒子和颗粒的合成与应用	49	26	6.5
13	光纤光栅器件及其制造方法	28	6	7
14	多层印刷电路板、新型连接元件、智能化打印设备的制造方法以及 RFID 等技术	69	27	7
15	医用检查仪器相关的设备、元件、设计、方法、板材等	19	13	5.5
16	计时装置	8	8	8.5
17	车辆控制系统设计	52	27	4
18	具有一定功能（或结构）的聚合物的合成与应用	38	12	6.5
19	与伤口、皮肤相关的医疗设备、器械、医用制品、方法等	109	31	6.5
20	光学装置特种加工优化及应用	75	23	4
21	激光的产生、调谐和控制技术与装置	32	13	6.5
22	节能的技术和方法	50	19	5.5
23	土木建筑砌块	8	11	4
24	蒸发、冷凝、提纯的方法和技术	26	22	4.5
25	薄膜、镜片、光学系统的方法及制造	61	24	7.5

续表

技术 ID	技术内容	专利数量/件	USPC 数量/个	活跃度
26	记录/再现信息的方法和设备、存储介质、相关方法和产品以及音频存储设备	125	39	8
27	能源管理相关的系统、方法和装置	35	11	5.5
28	流体系统及流体元件的改进	49	18	3.5
29	互联网相关的通信、存储等设备和方法	55	10	6
30	微型元件加工方法和电磁兼容性优化方法	71	34	4.5
31	医学检查与治疗设备、装置、器械、元件、方法	98	26	6
32	电子元器件、光源装置及光学系统	103	26	3.5
33	容器开启、关闭结构	6	10	7.5
34	流体、质量控制方法及系统和阀泵设备制造	35	19	5.5
35	聚合物泡沫材料、树脂材料的制备方法	52	33	6.5
36	排气净化装置和方法及微粒物质传感器的测量	52	14	4.5
37	涡轮材料、叶片形状及结构设计方法	18	11	5
38	发热元件及加热方法	10	9	8
39	磁阻元件的应用及制造方法	49	18	5.5
40	现实生活和网络中的身份识别及认证技术	80	15	5.5
41	通信系统及通信网络技术	59	19	6.5
42	新型雾化装置及其相关组件	15	10	6
43	氟代烯烃的组合物传热性能研究	14	6	6
44	模具制造及模制系统	61	26	8
45	复合材料的制造及使用	83	49	6.5
46	特定功能合成树脂材料	88	31	7
47	新型电声装置及新型移动通信设备的制造方法	35	24	5.5
48	计算机软件程序优化方法	70	18	6
49	可应用于物联网的信息感知、信息传输及信息处理等技术	82	17	4
50	计算机等终端的存储管理及数据的安全处理等方法	23	6	4
51	高性能纤维及复合材料的制备方法和技术	36	24	5.5
52	通信系统中的调制、解调、编码、解码、数模转换、信号处理等方法	58	14	5
53	含氟组合物、涂料组合物和涂层的制备	20	7	7.5

续表

技术 ID	技术内容	专利数量/件	USPC 数量/个	活跃度
54	发光元件相关制造方法和工艺技术	236	24	3.5
55	动力工具制造	34	29	5.5
56	废水处理等技术	46	27	6
57	螺纹连接及其防护	20	12	6
58	具有防溢阀门、流体阀等阀门的装置及其测量、控制等方法	13	13	6.5
59	光纤器件制造方法及相关技术	84	24	4.5
60	与生物技术药物、化学药品、中药相关的各种药物、制备方法、剂型、应用等	29	22	6.5
61	具有一定特性的玻璃（如光学玻璃）的制造与应用	32	27	5.5
62	涡轮机组件的改进	17	12	5.5
63	晶元、半导体元件、芯片的检测、诊断、评估方法、系统、装置；集成电路制造中的控制、检测方法、系统、装置	82	20	6
64	生物技术药物、工业酶的制造技术与设备	39	19	7
65	定影与成像方法及装置	43	21	7
66	疫苗、生物技术药物、化学药品、中药、生物农药、兽药疫苗、生物化工产品、医疗器械、医学影像设备相关的产品、试剂盒、制作方法、治疗方法、应用；与医疗器械、医学影像设备相关的元件、设备、方法	158	38	4.5
67	用于通信、射频设别等设备、装置的高性能天线、天线部件的形成、封装方法	23	8	5
68	电子显示设备及照明系统	12	7	5
69	塑料成型和提高印刷分辨率	40	12	5.5
70	金属材料及其复合材料的制备方法	24	14	6.5
71	投影光学系统、光刻投影系统	42	28	4.5
72	电池及其结构材料的制备方法及电镀的工艺、设备和技术	38	26	6
73	生物技术药物、化学药品制备与合成方法、用途、治疗方法等；生物栽培方法；海洋生物活性物质及中间体合成与用途	103	24	6.5

技术 ID	技术内容	专利数量/件	USPC 数量/个	活跃度
74	信号处理的方法及设备，尤其是信道编码、译码、加速及信道估计、信道质量反馈等方法，以及数据传输编码、信号传送、接收的方法、装置	118	19	6
75	管接头的测量、改进及评估	18	13	6.5
76	电子元器件的制造方法	63	32	5.5
77	发电机及电动机的控制方法	96	26	4
78	半导体材料自备技术及装备	52	34	6
79	喷涂设备的制造	40	42	5
80	生物技术药物、化学药物、医疗器械等相关的产品、方法	83	27	8
81	与医药医疗器材设备相关的元部件、装置、仪器	75	44	5.5
82	车辆辅助及检测系统	50	22	3
83	热塑性树脂的制备方法和技术	56	24	6.5
84	自行车伺服驱动	31	18	5
85	生物类、化学类药物、衍生物、组合物及其制备方法和应用	48	6	5.5
86	地毯、草皮、壁毯等建筑装饰物及锁定系统、卫生用品的制备	46	25	6
87	高性能染料组合物的制备	48	39	6.5
88	半导体领域相关制造方法、工艺技术、材料和装置	150	30	5.5
89	由无机、有机或高分子材料构成的组合物的合成与应用	59	44	6
90	光学、显示、照明装置	60	21	5
91	图像投影、显示的方法、装置与系统	121	33	5.5
92	基于电化学原理的测量技术，更偏重于电化学生物传感器	76	23	7.5
93	医疗器械、医用治疗检查设备、植入性医用材料相关的元件、装置、设备及其使用方法；生物技术药物制备方法、相关产品及其应用	181	48	6.5

技术 ID	技术内容	专利数量/件	USPC 数量/个	活跃度
94	分离、过滤（主要是血液）装置	85	55	5
95	蛋白酶抑制剂类化学衍生物、组合物及应用	29	10	6.5
96	美容和清洁用具（如刷子类用具）	61	24	6.5
97	墨水组件、墨盒、喷墨记录装置及喷墨记录、成像方法	91	41	6.5
98	设备信息采集、监控	81	27	4
99	图像处理、识别、制作等系统、程序、方法等；图像、视频记录、存储、处理设备（如照相机、摄像机等）	68	21	5
100	信息识别、处理的方法及装置，此处信息包含指纹、面部等实时捕捉信息以及其他图像、多媒体视频、文档、数据等	96	16	5
101	电子设备及电路系统	126	42	5
102	对通信系统、设备、终端及其元器件性能的改进、提升（如减小损耗、提升可靠性、容积优化等），尤其是天线装置、滤波装置等设备的改进；通信系统、方法的改进；信号处理系统、方法的改进	145	27	5
103	无线通信、光通信信道、传输相关的装置、方法、系统，以及其性能改善相关的装置、方法、系统	60	47	6.5
104	通信网络相关业务的方法、系统、设备；通信网络控制、监测、网络接口、网间链接等方法、系统、设备、服务等（如网关、协议等）；电子信息服务方法、系统、设备	341	13	6
105	日用化学品（清洁剂、洗涤剂、消毒液、表活剂等）制备与应用	85	67	6.5
106	存储单元、存储系统的相关设备和方法及性能提升方法、设备	223	37	4
107	过滤/吸附装置、技术及其应用	60	35	5
108	光刻技术与装置	203	20	4.5
109	检测及改善通信质量、检测及提高信号传输效率、检测及改进信号干扰等设备、系统、方法	80	10	7
110	生物和化学药物的缓释、控释、速释等制剂技术	328	44	7

续表

技术 ID	技术内容	专利数量/件	USPC 数量/个	活跃度
111	呼吸器件及设备的改进（包括面具、鼻管、气流控制、加湿设备等）	171	64	3.5
112	无线通信终端设备（如手机等）及相关元件（如天线、音频播放等）、配件（如耳机、键盘等）及其制造；助听设备	310	42	4.5
113	光学成像和信息记录技术、元器件及其材料	118	55	6
114	数字图像的处理、显示的方法及设备	220	48	5
115	语音和文本的识别、容错及特征比较	151	38	4.5
116	发光元件相关材料、制造方法和工艺技术	434	58	4.5
117	电池制造	238	134	6
118	吸收制品及其应用（卫生用品）	165	46	7
119	食品、饮料加工制造及专用设备制造	104	57	7
120	注射及流体给药设备的改进及应用	163	36	6
121	各种功能材料的合成与应用	276	156	6.5
122	集成电路的设备、材料及技术	245	98	5.5
123	半导体存储器件等的相关制造方法和工艺技术	115	47	6.5
124	数据流的存储、通信、调度、控制的方法和装置	74	15	5
125	多任务计算机（处理器）的控制及通信方法和装置	125	24	4.5
126	用于半导体材料抛光、研磨、刻蚀等的技术和材料	247	119	6
127	脊柱/骨关节植入物及手术相关组件、固定装置、操作方法	212	43	4
128	碳、石墨、碳纳米管及其复合材料的制备及应用	78	21	6.5
129	工作流的控制、分配、触发的方法	272	64	5.5
130	多信道通信的数据编码、处理、信号保护、方法及设备技术	487	65	5.5
131	图像、视频编码、压缩、纠错、存储、传送的方法及设备技术	304	63	5
132	特定功能膜材料、新型催化剂	195	89	5.5
133	音频信号的编码、解码、识别、合成、传送、检索、定位、播放和扩展的方法及设备	235	37	5

技术 ID	技术内容	专利数量/件	USPC 数量/个	活跃度
134	发泡剂、乳化剂、表面活性剂等日化产品的制备和应用	268	91	6
135	半导体显示器件、太阳能电池等的相关材料、制造方法和工艺技术	218	70	4.5
136	医疗检查、监测、治疗相关仪器设备及应用	238	80	6
137	各种涂料、涂层的合成与应用；多种树脂的合成方法	247	83	6.5
138	生物化学药物衍生物、组合物的制备和应用（主要为蛋白酶/细胞因子抑制剂）	204	52	5
139	外科手术器械及手术方法	261	42	3.5
140	特定功能合成树脂、合成纤维材料以及与之相关的新型催化剂体系	365	148	6
141	媒体流的传送、接收、选择、控制和保护、存储、偏好分析的方法设备技术	401	115	6.5
142	新型显示器件及膜材料、工程塑料及合成树脂	493	153	6.5
143	成像和定位诊断技术及设备（内窥镜、MRI 等）	282	109	4.5
144	半导体领域相关制造方法、工艺技术、材料和装置	457	182	5
145	生物化学药物衍生物、前体、组合药物及其应用	489	291	6
146	各种功能材料的合成与应用	278	111	7
147	显示设备的驱动、元件布置、漫射、老化补偿、调节、降噪、数据包传输的方法及设备技术	422	69	4.5
148	具有一定功能（或结构）的聚合物和组合物的合成与应用	220	95	7
149	生物样品的检测方法、装置	826	269	4.5
150	射频识别、无线定位的方法、系统和装置	616	104	5.5
151	终端输入方式及其方法、系统、设备	590	136	4.5
152	涉及生物化学、遗传工程的方法；相关产物的制备和应用	1110	222	6

续表

技术 ID	技术内容	专利数量/件	USPC 数量/个	活跃度
153	移动通信的终端、基站、信息编码、信号传输、码分多址、定位等方法及设备技术	1544	97	7
154	空气过滤材料及其制法、过滤组件和过滤装置等	468	226	4.5
155	网络的数据存储、信息传播、地址分配、消息通信、信息共享的方法和设备技术	2165	288	4.5

致谢

中国科学院文献情报中心知识产权情报分析团队赵萍参与了部分专利数据遴选和数据分析，感谢赵萍的工作和支持。

中国科学院文献情报中心的领域专家和情报专家参与了技术内容解析和战略性新兴产业判别工作，他们分别是边文越、韩淋、黄龙光、李泽霞、刘艳丽、欧阳铮铮、陶斯宇、王海名、王海霞、王丽、张超星、赵萍、邢颖、张博、杨艳萍、朱相丽。同时，在研究讨论过程中，张志强、冷伏海、王小梅等老师给出了宝贵的意见。在此向以上专家的支持和指导表示衷心的感谢。

科学出版社邹聪编辑等为本书的顺利出版付出了辛勤劳动，在此致以诚挚的谢意。